仕事は「徒然草」でうまくいく

沢渡あまね
吉田裕子

【超訳】時を超える兼好さんの教え

技術評論社

はじめに　徒然草は今を生きる私たちの最高のバイブル

「徒然なるままに、日くらし……」

この本を手に取っているあなたもおそらくそらで言える、おなじみのフレーズではないでしょうか。私（沢渡）もまた、中学校の国語の授業で「なんでこんなものを覚えなければいけないのだ？」「これ、社会に出て一体なんの役に立つの？」と生意気にも疑問に思いつつ、一生懸命暗記したのを覚えています。

いわば「やらされ感」「受験対策」でのファーストコンタクトだった徒然草。その第一印象はお世辞にもいいとはいえないものの、そっと私の頭の片隅に居座り、気になる存在になっていたようです。やがて「全文を読んでみたい」と思い、社会人になってからもたびたびページをめくるようになりました。

兼好さんが鎌倉時代にしたためた、全二四三段の随筆作品。いずれも含蓄に富んでおり、読み手が年を重ねれば重ねるほど味わいを増します。自身が置かれた環境、仕事やプライベートの悩みごと、その時の心持ちなどに応じて、兼好さんのメッセージの意味合いや「刺さり方」が変わるのですね。時に優しく、時にシュールに、ズバっと読み手のココロに寄り添ってくれる。それが心地よくて、私も人生の節目節目で、何度も読み返しています。

そして、私はある時、はたと気づいたのです。

「徒然草……これって、最高のビジネス書だよね⁉」

「ビジネスは歴史書に学べ」とよく言われますが、徒然草も同様に、私たちが日々の仕事をうまく進めるためのヒントを与えてくれています。国語の教科書の一部分にすぎなかった徒然草。いまを生きる私たちの、仕事の教科書の意味合いをそこに見出すことができます。

たとえば、第五十二段「仁和寺《にんなじ》にある法師」。徒然草の中でも有名、かつ人気のこの段は、素人が専門家を頼らずにものごとを進めてしまうことがいかにリスクであるかを教えてくれています。

「プレゼンテーションは、聴衆のうちだれか一人に的を絞り、その人に語りかけるようにするとうまくいく」

そんなプレゼン本で述べられている技術が、第五十六段で解説されています。ほかにも、仕事術の本や経営の専門書でいわれているマネジメントのフレームワーク（枠組み）やヒントが、徒然草には散りばめられています。

「仕事の書として、徒然草をもっと多くの人に味わってもらいたい！」

いつしか、私はそんな思いをつのらせるようになりました。手元のノートは、徒然草の各段から私が読みとった仕事術やビジネスハックのポイントのメモでいっぱいに。

そんなある日、吉田裕子先生と出会います。「Developers Summit 2018」（翔泳社さん主催の、ソフトウェア開発者、システム開発者、ネットワーク管理者、運用者向けのＩＴイベント）の登壇者控え室でたまたま席が隣になり、お喋りしたのがきっかけでした。国語の専門家として活躍される彼女は、大学受験塾やカルチャースクールで教壇に立ちつつ、テレビやラジオ出演もこなす、ハイパフォーマー。すでに多くの書籍も出版され、古典のエッセンスをとてもわかりやすく解説されています。

「吉田先生となら、徒然草のエッセンスを、楽しくわかりやすく伝えることができるに違いない！」

そう確信した私は、吉田先生にラブコールを送りました。

本書は、徒然草の中でも、現代の私たちが仕事をするうえで役立つメッセージが豊富な段を、私と吉田先生とで厳選しました。各段のエッセンスを吉田先生の超訳で紹介した後、私が徒然草原文を現代職場のあるあるシーンに置き換えた「**当世とほほ徒然話**」により、みなさんにリアルに感じてもらえるようにしています。それぞれの締めくくりには、吉田先生による原文の「**読みどころ**」と、古典や歴史の観点からの「**解説**」が入り、リベラルアーツの観点からも学びのある本になるよう工夫しました。まるでタイムマシンに乗るかのごとく、私たちの生きる現代社会と、兼好さんが生きた鎌倉時代とを行き来しながら、楽しく学んでいただけたら幸いです。

中学生の時に暗唱させられた徒然草は、ある意味、私たちの原体験。過去の「やらされ感」だけで終えてしまっては、あまりにももったいない！　兼好さんがおよそ七〇〇年の時を超え空間を超え、いまを生きる私たちに授けてくれたメッセージ、徒然なるままに味わってみませんか？

さあ、ココロとお茶の準備はいいでしょうか。タイムマシンに乗って、時空を超えた仕事の本質を見つける旅に、ゆるりと出発！

新緑の頃　太田川ダム（静岡県森町）のほとりの庵より

沢渡あまね

もくじ

第1章・コミュニケーション・モチベーション

第2章・環境・組織風土

第3章 • 生産性

第4章・プロセスマネジメント

第5章・意思決定

第6章・スキル・キャリア

第7章・ブランドマネジメント

第1章

コミュニケーション・モチベーション

兼

ユルく情報発信しよう ～序段　徒然なるままに

特に何のためでもなく、暇にまかせて、思いつくままに書いていると、不思議じゃのう、妙にテンションが上がってくるんじゃ。

当世とほぼ徒然話

「ブログはじめました！」

企業で経理の事務職をしているAさん。年が変わり、なにか新しいことを始めようと思い、プライベートでブログを始めてみることに。思い立ったが吉日。急ぎアカウントを取得し、自分のページをこしらえてみた。とはいえ、はてさて、何を書いたらいいものか？

まあいいや。とりあえず、テーマを決めずにその日にあった出来事や、参加した社外の勉

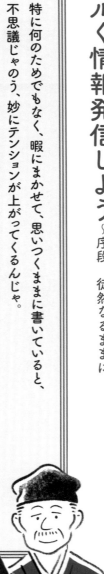

強会の感想や学びでも書きつづろう……と、意気込んではみたものの。一週間たって読み返してみると、内容に一貫性がない。どうでもいい呟きや、感想を書き連ねただけ。当然、閲覧数も少なくてお寒い。なんとも、馬鹿馬鹿しくなってくる。

「ううむ。これ、続ける意味あるのかな……」

さっそく心が折れそうなAさん。いったいどうしたものか……

ブログやSNSなどの手段が充実し、個人が気軽に情報を発信しやすい時代になりました。最近では、社員同士のコミュニケーションや、知識共有を活性化するために、企業内に閉じたブログやSNSを導入する会社もめずらしくありません。「社長ブログ」のように、社長自らが、社員に肩の凝らない情報を発信する会社も増えつつあります。

発信する習慣。学びあう文化。とてもすばらしいです。ともすれば、日々の仕事に追われて、コミュニケーションが希薄になりがち、他人に関心を持つ余裕すらないご時世。個々人が、自分の都合のいいタイミングで情報を発信し、そこからユルく人と人、知識と知識がつながって、共感や協働が生まれる。あるいは、課題が解決する。発信しあう風土は〝組織のソリューション〟とも捉えることができます。
一方、困っている人もいるようです。

・ネタがない
・気の利いたことが言えない
・文章力がない

いつのまにやら、ブログを書くことが目的化し、苦しめられてしまっている。そして続かない。なんとももったいないですね。もっと、肩の力を抜いてみてはいかがでしょうか？

無理に毎日発信する必要もありません。気の利いたことを言う必要もありません。文章も、凝らなくてよし。見てもらえなくても結構。あなたはライターでも、ジャーナリストでもないのですから。ユルめの情報が、かえって読み手の心をリラックスさせ、結果として共感してもらえることもあります。自分では馬鹿馬鹿しく、取るに足らないと思っている気づきでも、見る人によっては貴重な知恵やノウハウだったりします。いますぐ見てもらえなくても、半年後、いや一年後、その時困っている人が、あなたの今の投稿内容を見て助けられるかもしれません。ブログを長く続けている人であれば、思いもよらないタイミングでアクセスが伸びたり、コメントがついた経験のある人もいるでしょう。

価値は相手が決めるもの。同様に、あなたが発信した情報の価値も、相手が決めるものです。「馬鹿馬鹿しい」「つまらない」と決めつけずに、ユルく発信してみましょう。

読みどころ

徒然なるままに、日くらし硯に向かひて、心にうつりゆくよしなし事を、そこはかとなく書きつくれば、あやしうこそものぐるほしけれ。

訳 することもなく暇なので、一日中硯に向かって、心に次々思い浮かぶちょっとしたことを取り留めもなく書き付けていると、不思議なほどに物に憑りつかれたような気分になってくる。

解説

『徒然草』を楽しむコツを聞かれた際は、濃淡をつけて読むこと、とアドバイスしています。前から生真面目に読み解かずともOK。ピンときた段はじっくり読み込み、そうでもない段は軽く流すのです。なんせ、兼好さん自身が「心にうつりゆくよしなし事を、そこはかとなく」書き付けていますから。お気に入りの楽器を語る十六段の次に、山籠もりの仏道修行のすばらしさを語る十七段という感じで、話が次々に飛ぶのです。連想の流れがたどれるところもありますが、たいていは自由に、前の段と関わりのないことを書いています。ですから、前から順に理解する必要はないのです。

この脈絡なく書き連ねていく感じはまさに、今日のブログやツイッターです。気ままに書くほうが、書きやすく、更新が続きます。読み手の読みやすさに配慮するにしても、まず一回勢いで書いた後に、反響のあった記事をまとめたり、テーマ別に整理したり、と編集をするほうが近道です。

自分用のメモや、日記もそうです。まずは体裁を気にせず、書き殴っていく。有意義な情報だけを書き留めようとするより、雑多にでもたくさん書き、それを後で読み返して、いい内容を選び出すほうが、結果として豊かな情報が集まります。

「とりあえず飲みニケーション」で信頼関係は築けない

～第十二段　おなじ心ならん人としめやかに物語して

兼

気の合う人なら、落ち着いておしゃべりをし、いろいろと本音も話して、心癒されることもある。でも、そんな友はそうそういない。現実には、気の合わない人と、慎重に空気を読みながら話さねばならん。そんなの、一人でいるのと同じじゃ。疲れるだけ。あと、気の合わんヤツとあれこれ議論するのは、暇つぶしにはなるだろうが、それ以上にはならない。真の心の友は、心の方向性が同じでないとな。

当世とほほ徒然話

「当社は社内のコミュニケーションが悪い！」

経営層がなにやら騒ぎ出した。社員のモチベーション向上、エンゲージメントの向上に力を入れるという。どうせまた、どこかのコンサル会社に入れ知恵されたのだろう。いったい、どんな手が打たれるのかしら？

「飲み会をやろう！　やはり、コミュニケーションの基本は飲みニケーションからだ」

ええっ、そうきました!?　いやいや、飲み会なんて勘弁してくださいよ。上座をだれにするだの、お酌のマナーだの、偉い人たちに気を遣わなければならないの、疲れるだけでイヤです。そもそも、いまの上司、絶望的にソリが合わないから、なるべくいっしょにいたくないですし。なぜ、定時後にお金を払ってまで、苦行に参加しなければいけないんですか？

百歩譲って、その場だけ盛り上がっても、翌日ではまた水を打ったようにみなシーンとするのがウチの会社のお決まりパターン。そもそも、ウチの会社は派遣型のＩＴ企業。社員の多くは、客先に常駐していて仕事の内容も、扱っている技術も違う。無理やり集められたところで……

共通の話題がなくて困る

こうして、気まずい沈黙の時間だけが流れる「もくもく食事会」が、今日もどこかでしめやかに執りおこなわれるのです。

社内コミュニケーションの活性。社員満足度向上や、いわゆるエンゲージメント（組織や仕事への帰属意識や愛着）の向上がマネジメントキーワードになりつつあります。もちろん、コミュニケーションを活性化するのはいいことです。しかし、やり方が問題。

安易に、飲みニケーションに走ろうとする人が多すぎる！

（きっと、それしか方法を知らないのでしょう）

いや、それでみんなが幸せならいいのです。しかし、あなたの職場ははたしてそうでしょうか？　お互い関心のない人同士、共通の話題がない人同士、ましてやどうしてもソリが合わない人との飲み会ほど苦痛なものはありません。同じオフィスにいるからといって、共通の話題があるかというと、案外そうでもなかったりします。コミュニケーションの問題の核心はそこです。

飲みニケーションに走る前に、ひと呼吸。まずは、共通のテーマや関心を設定しましょう。さりとて、わざわざ共通のテーマや関心ごとをでっち上げる必要はありません（それをやると、ますます冷めた空気に）。たとえば、

・チーム共通の問題や課題について、解決策を話し合ってみる
・みんなが関心のある技術を語り合ってみる
・部署のミッションとして与えられているテーマについて、本を読み合って意見交換してみる

このような、日常業務や本業の課題解決に直結するテーマを軸に、話し合ってみる。業務を通じて、お互いを理解する。そうして関係が温まってきたら、飲み会を提案してみるのもいいでしょう。もちろん、飲み以外の手段も視野に入れてくださいね。

信頼関係の初期構築のための飲みニケーションから、信頼関係を構築してからの飲みニケーションへ。発想を変えていきましょう！

読みどころ

つゆ違《たが》はざらんと向ひゐたらんは、ひとりある心地やせん。

訳 相手の期待に沿おうと気を遣いながら他人と向き合っていたら、一人きりで過ごすのと同じ気持ちがするだろう。

解説

「どんちゃん騒ぎをともにして友情が深まる」というケースもあるでしょうが、その逆も……。乱痴気騒ぎを目のあたりにして、「二度と職場の飲み会なんて行くもんか！」と思う人もいます。

兼好さんも飲み会嫌い。一七五段では、お酒を飲んで乱れる人に対し、苦言を呈しています。

「思ふ所なく笑ひののしり、詞多く、烏帽子ゆがみ、紐はづし、脛高くかかげて、用意なき気色、日ごろの人とも覚えず」
（考えなしに笑い騒ぎ、口数が多くなり、烏帽子は歪み、紐を外して、脛の高いところまで服をたくし上げ、慎重さに欠ける様子は、日頃の思慮深い人と同一人物とも思えない）

きっと兼好さん自身がお酒を飲まなかったのでしょう。酔っ払ってはしゃぐ人をしらけた顔で見るシラフの下戸、という感じです。

しかし兼好さんも、お酒自体を全否定しているのではありません。

「月の夜、雪の朝、花のもとにても、心のどかに物語りして、盃出したる、万の興を添ふる業なり」
（月夜や雪の朝、桜の木のもとで、心のどかに語り合って、そこに酒の盃を出したのは、万感の趣を添えることである）

雑談をする余裕も大事

〜第三十一段　雪のおもしろう降りたりし朝

兼

ある朝、起きたら、雪がイイ感じに降り積もっておった。ちょうどその日、知人に手紙を送ったのじゃが、わしは用件だけ書いて送ってしもうた。そしたら、

「こんな素敵な雪の日に、ひと言もそれに触れない。そんな無粋な人の話なんて、聞く気は起きません。あー、がっかり」

と返してきたんじゃ。たしかに。わしもうかつだったわい。

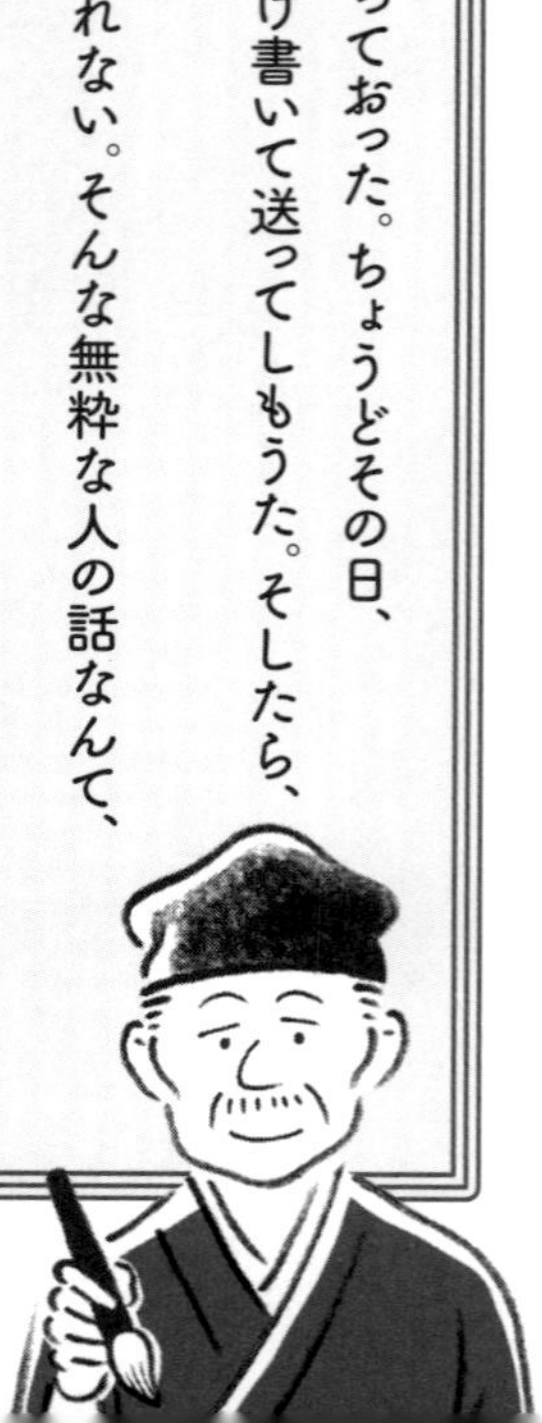

当世とほぼ徒然話

「なんかさ、リモートワークって味気ないよね。相手の顔が見えないから不安になることもあるし……」

こう漏らすBさん。最近、同社ではリモートワークが導入され、オフィスに出社しなくても、自宅やカフェで仕事ができるようになりました。新しい働き方。いざ始めてはみたものの、メンバー同士、コミュニケーションが疎遠になってしまって、どうもうまくない。

「ウチの職場には、リモートワークはなじまないのかしら」

さりとて、オフィスに出社したらしたで、「残業するな」「早く帰れ」と部課長からたたみかけられる。とても気軽に会話できる雰囲気でもない。

「最近、職場が息苦しくなってきたなぁ……」

コミュニケーションの悩みはつきません。「組織の問題の八割はコミュニケーションに起因する」という調査結果もあるくらいですから、このテーマ、軽視はできないでしょう。

さらに、ここへきて「働き方改革」の大号令。残業の削減、無理無駄の削減、なかなか気軽に雑談しにくい雰囲気がある。シーンとしたオフィスに、ひたすらカタカタと鳴り響くキータッチの音。さらに、リモートワークの導入。毎日顔を合わせていたって会話がないのに、離れたらいよいよコミュニケーションをしなくなる。

雑談は、組織の潤滑油です（やりすぎは生産性を下げますが）。

ちょっとした雑談で、ココロのモヤモヤが晴れた。
雑談から、お互いの特技や過去の経験を知ることができ、仕事の悩みが解決できた。
雑談から、新たなアイディアが浮かんだ。

あなたも、そのような経験があるでしょう。また、雑談が許されることで、お互い気軽に相談しやすい、悩みを打ち明けやすい組織風土を作ることができます。さらに、いわゆる「ヒヤリハット」を指摘しやすい雰囲気にもなり、組織のリスクマネジメント向上の効果も。
とはいえ、残業削減ムードが色濃い昨今。なかなか堂々と雑談しにくいかもしれませんね。

- 毎日実施している朝礼の最後の五分。お互いの悩みを相談する時間とする
（そして、リーダーこそが率先して悩みを打ち明ける！）
- オフィスに雑談が生まれやすい空間を作る
（カフェコーナー、雑誌コーナー、おやつコーナーなど）

・チャットなど、気軽に発信しやすいツールを使ってみる（口頭より、テキストのほうがコミュニケーションしやすい人もいます）

このように、雑談が生まれやすい仕掛けやきっかけづくり、すなわちコミュニケーションデザインで解決したいものです。最近は、お互いの顔も見えて、かつ気軽に音声通話やチャットができるツールも充実してきています。リモートワークであっても、これらのツールを使い、むしろオフィスにいる時よりもコミュニケーションが活発になった企業もあります。リモートワークの時代だからこそ、テクノロジーをうまく使って、雑談を大切にしたいですね。

堅苦しい話しかしない人に、なかなか本音や悩みは打ち明けにくいもの。雑談で、組織を健康に！

読みどころ

この雪いかが見ると一筆のたまはせぬほどの、ひがひがしからん人の仰せらるる事、聞き入るべきかは。

訳

今日の雪をどう見るかとひと言も触れなさらない、そんな偏屈な人間のおっしゃることなど、聞き入れる必要があろうか。

解説

書面や手紙の冒頭に、「新緑の候」「霜降のみぎり」など、時候の挨拶を付けるのがビジネスマナーとされています。この時期なら何を書くのが正解か、検索した経験をお持ちの方も多いでしょう。八月中旬はまだ夏本番だけど、もう立秋を過ぎているから「残暑」を使う――など、いろいろややこしいですからね。

時候の挨拶に正解を探す。じつは、私としては、このやり方はもったいないと思っています。時候の挨拶は、もっと自由なものです。自分の感じたものを書いていいのです。

本題にいく前の雑談、それが時候の挨拶ですから。「雑」でいいですし、内容にあなたらしさが出るほうが、カタさが取れ、本題に入る前に親しみや興味を持ってもらいやすくなります。

兼好のエピソードのように、その時期、その日ならではの気候や天気の実感に触れてこそ、手紙でも対面でもコミュニケーションの糸口が見つかるのです。「季節のことなんてわからないよ」という人もいるでしょうが、普段から意識していると、ネタは転がっているものです。

これは、ほかの話題の雑談も同じです。「雑談のネタないかな」と常々意識していると、会話の入口に使えるおもしろい話題を拾えるようになるのです。

衝突や対立は、オトナの対応力で
～第三十六段　久しくおとづれぬ比

兼

あ、これは、あ・く・ま・で、人が言っていた話だがな。付き合っている女に会いにも行かず、連絡も怠って、「あ、これは絶対怒り心頭だろうなぁ」と気まずさMAXの時に、女のほうから何事もなかったように「ちょっと、下男をひとり貸してくれない？」なーんて連絡してきてくれると、助かるもんである。折れてくれる人はありがたい、とその男も言っておったが、わしもじつにそう思うぞ。折れるのは、負けじゃなくて、オトナの余裕じゃろうな。

当世とほほ徒然話

「困ったな。想定外のトラブル続きで、プロジェクトの進捗がいよいよヤバい。隣の高岡さんのところの若手を一人貸してもらえたら、このピンチを乗り切れそうなのだけれど……」

プロジェクトマネージャーのあなた。朝からため息が止まらない。悩むくらいなら高岡に相談してみればいい。わかっているのだが、今回はそうもいかない。なぜなら、先月の部内会議以来、高岡との関係がよろしくないからだ。席上であなたが出した提案を、高岡は頭ごなしに全面否定。あなたはその場でムッとなってしまった。以来、彼とはまともに口を聞いていない。あなた自身、避けているつもりはないのだが、高岡の態度がどうもよそよそしい。

「この状況で、高岡さんに相談を持ちかけるのも、なんだかなぁ……」

窓の外を切なげに見やるあなたを。空はこんなに明るいのに、あなたの心のモヤモヤは晴れそうにない……

組織で生きる以上、人間関係のトラブルはつきもの。衝突や対立を避けようとするあまり、本音を言いにくかったり、改善提案をしにくい組織があります。ズバリ、不健康。だれも意見を主張しない、うわべだけの〝仲よし倶楽部〟に意味はありません。衝突や対立は、組織の健全な成長に必要な糧。プロジェクトマネジメントの世界には、「コンフリクトマネジメント」という概念があります。コンフリクト（衝突、対立）は、起こるべくして起こるもの。発生させない「コントロール」ではなく、事後の関係修復を含む「マネジメント」をすればいいのです。

問題なのは、衝突しっぱなしの状態です。当事者同士の、その後の人間関係がギクシャクするのみならず、まわりにもいい影響を与えません。特に、部門長やマネージャーやリーダーなど、上に立つ人同士の冷戦状態ほど、はた迷惑なものはない。

「本当は隣の部署の人たちと連携したいんだけれど、上同士が仲が悪いからなぁ……」

「あの取引先に仕事をお願いしたい。ああ、でもあの会社の社長とウチの部長、派手に喧嘩をやらかしてたな……」

部下の無駄な気遣い、忖度、まわり道を次から次に生む。仕事のスピードにも、働く人たちのモチベーションにも影響します。

冒頭のこの状況。あなたから高岡さんに話しかけてみてはいかがでしょう？　往々にして、衝突の原因を作ってしまった側の人ほど、過剰に気にしてしまい、その後なかなか相手に気軽に話しかけられず、「ごめんなさい」のひと言が言えないもの。だからこそ、被害者側からきっかけを作るのです。

「悪い。ちょっと今、プロジェクトがヤバくてさ。相談に乗ってほしいんだけれど」

こんな感じで、過去の衝突の件はいっさい触れず、仕事の相談モードでさわやかに声をかけてみては？　仕事の用件は、相手との関係性を修復するための、絶好の大義名分です。大いに利用し、どんどん健全に衝突して、どんどん成長する組織風土を作っていきましょう。

読みどころ

我が怠り思ひ知られて、言葉なき心地するに、女の方より「仕丁やある、ひとり」など言ひおこせたるこそ、ありがたくうれしけれ。

訳 自分の側の怠慢が思い知られて、何と言っていいかわからない状況で、女から「下僕は余っていますか。いたら一人貸してください」などと言ってくるのは、まれな幸運で、うれしいことだ。

『徒然草』のおもしろいところに、法師である兼好の語る恋愛ネタが妙にリアリティがある点が挙げられます。このケンカ話の段も、友人の意見であると弁明していますが、「本人の実体験？」と思わずにはいられません。

なお、『徒然草』全体を通して、兼好は女に手厳しいです。

女性の本性は皆、ゆがんでいるのだ。（一〇七段）

どんな女でも、朝晩ずっとそばで見ていたら、大変気に食わないもので、嫌になるに違いない。（一九〇段）

——若かりし頃に、何か嫌なことがあったのでしょうか？（苦笑）

ただ、一方でこうも書いています。

別々に住み、時々ともに過ごす夫婦生活なら、年月を経てもいい関係でいられるだろう。ふらっと男がやって来て泊まっていくのは、きっと新鮮なときめきがあるに違いない。（一九〇段）

所帯じみることなく、ずっと恋人気分を味わいたい。兼好はそんなロマンチストの感性を持っていたのかもしれません。そうして恋や女性を美化し深く憧れているからこそ、理想を叶えてくれない現実の女性に手厳しくなってしまったのかも……？

女性の私としては、女性にいろいろ期待する前に、まず兼好にいい男であってほしいと思いますけどね。相手にオトナの対応を期待するなら、まず自分がオトナにならなくては、ね。

さりげない気配りのコツ

～第一〇一段　或人、任大臣の節会の内弁を勤められけるに

兼

ある人が、大臣就任のパーティーの際に失敗してしまった。
天皇陛下のご命令を記した、大事な書類を忘れたのである。
これは大変な失態であるが、もはや取りにも帰れない。さあ、どうする。
その人が途方に暮れておったところ、中原康綱が気づいたんじゃ。
これは気の利く人で、侍女に頼み、さりげなく書類を本人のところに届けてやった。
すばらしいわい。

当世とほほ徒然話

今日は講演会。課長が社員と取引先に対し、自部門の取り組みをプレゼンテーションをすることに。聴衆はざっと二〇〇名。プレゼンテーションしなれない課長は、ガチガチに緊張

している。

演台に立つ課長。緊張のあまり、講演のポイントとなるキーメッセージをメモした紙を控え室に忘れてしまった！　頭の中は真っ白。なんとか自己紹介は終えたものの、あからさまにしどろもどろな様子の課長。そこで、気を利かせた部下の一人。「忘れていました」とばかりに、講演者用の水とコップを差し出すついでに、そっとメモを課長に手渡す。おかげで、課長は恥をかくことなく、講演を終えることができましたとさ。

仕事のデキる人は、ささっと機転を利かせて臨機応変な対応をし、相手や主役のメンツを保ちます。たとえば、私は講演会やワークショップに呼ばれて、講義やファシリテーターをすることがよくあります。以下のようなちょっとした工夫に、主催者さんの気遣いを感じ、とてもうれしくなります。

- **演台に時計がセットされている／あるいは会場側方か後方に時計がかけられている**
- **食事をした後、開会（または再開）までにトイレ休憩の時間がある**

講演やワークショップをする時、演者は残り時間がどうしても気になるもの。とはいえ、ちらちら腕時計を見るのはしまらないですし、聴衆もなんだか落ち着かないですよね。演者が話しながらさりげなく確認できる位置に、時計が置いてある。これだけで、演者は安心して講義に集中できます。ワークショップの場合、参加者も見やすい位置に時計がかけてあれば、ワークの終了時間の「標準時」を設定しやすく、全体の進行がスムーズになります。

午後開始の講演会の場合、主催者といっしょにお昼ご飯をいただいてから実施するケースもよくあります。その際、食後すぐにあわただしく会場に移動して開始することがありますが、演者も人間。食後はトイレに行きたくなるのです。特に動きの多いワークショップの場合、腸が活性化して……。

ほかにも、演者にうれしい心配りの例を挙げると……

・参加者名簿と名札に、フリガナがふられている
↓これだけで、参加者との対話がスムーズになります。

演　者「ナカジマさん、答えていただけますか？」
参加者「ナカシマです……」
演　者「失礼いたしました」

このような手間と気まずさがなくなります。相手に気まずい思いをさせることなく、仕事を進めるための心配りや工夫。経験と、想像力と、観察力がものをいいます。経験から学び、行動に変えていきたいものです。

読みどころ

女房を語らひて、かの宣命《せんみょう》を持たせて、忍びやかに奉らせけり。いみじかりけり。

訳 侍女の協力を得て、忘れた書類をこっそりとお届けした。見事であったなぁ。

解説

語源を知ると、新鮮な気持ちになる語があります。たとえば「さりげない」。これは「然り気無い」と書き、「そんな気配がない」という意味です。たまに、大げさに、恩着せがましく手伝ってくる人がいます。ありがたい、しかし、うっとうしい（苦笑）。その反対が「さりげない」なのです。助けても、それをあまりアピールしないという、控えめな姿勢です。

生来の人柄でしょうか、さりげない気配りを、何の気なしにできる人がいます。一方で、それはニガテだという人もいるでしょう。そんな人は、「自分が居心地よく感じた時」「仕事がやりやすかった時」をよく分析するのが近道です。その時、だれが、何をしてくれていたのかを分析するのです。言語化し、再現性のある状態にすると、「ノウハウ」になります。あなた本人が実行するのはもちろん、周囲に教えることもできるようになるのです。

兼

カッとなったら、ひと呼吸置いて

～第一〇六段　高野証空上人、京へのぼりけるに

高野山の証空上人という人がな、都に出た際、細道で、馬に乗った女性と出くわしたんじゃ。そしたら、先方の馬の口取りの男のミスで、上人の馬を堀に落としてしまった。これに、上人はカンカンじゃ。女に対しては「在家の女の分際で、出家者であり、男であるこの私を堀へ落とすとは、ありえない悪行だ！」、馬の口取りには「修行も学問もしておらん男の分際で！」と声を荒らげた。さすがに、自分でも暴言を吐いたと気づいたようで、途中で慌てて帰ったそうじゃが――いやぁ、立派な上人さんだけあって、たいそう尊いご叱責もあったもんじゃな。

当世とほほ徒然話

水曜日の昼下がり。お客さん先の応接室にて。

自社が受注して進めているシステム開発プロジェクト。諸々の事情により、納期を先延ばしすることになりました。今日はそのスケジュールと、進め方を話し合う会議。お客さんと自社、双方のプロジェクトリーダーに営業部長、開発部長もそろい、一つ一つ議題を消化します。

いよいよ最後の議題、データ移行について。古いシステムから新しいシステムへデータを移し変える作業で、今回のプロジェクトの肝といっても過言ではありません。これまで冗舌に話していた開発部長、ここへきて口ごもり始めます。それもそのはず。部長はデータベース関連のテーマにはくわしくない。それを察したプロジェクトリーダー(課長代理)が、とっさに口を開きます。

「あ、データ移行についてですが、これまでの経験から申し上げますと……」

親切心から助け船を出したつもり。ところが次の瞬間、部長は表情を豹変させます。

「おまえは黙っていろ！　……あ、失礼しました、データ移行についてはいったん持ち帰りまして……」

突然の怒号。部長はすぐにもとの笑顔に戻ったものの、部下たちは動揺を隠せない様子。さすがに、お客さんも慌てています。なんとか会議は終わったものの、プロジェクトリーダーもメンバーもなんとも釈然としない。

「御社もいろいろ、大変ですね……」

会議終了後、お客さんからも同情される始末。こんな責任者の下で、一体感を持ってプロジェクトを進めることができるのだろうか……

とっさに出た感情的な行動や言動が、相手との信頼関係にひびを生じさせてしまうことはよくあります。年齢や職位や高い人であればあるほどその影響は大きく、会社対会社であればその企業のブランドイメージの毀損さえも引き起こしかねません。記者会見での感情的なひと言により、取り返しのつかない騒ぎ（いわゆる炎上）に発展した企業不祥事など、枚挙にいとまがないでしょう。

近年、日本の組織でも「アンガーマネジメント」が注目され始めています。文字どおり、アンガー（＝怒りの気持ち）をマネジメント（＝やりくり）する技術です。私たちも人間ですから、当然イラっとすることもあれば、怒りの感情がこみ上げることもあります。その気持ちとどう向き合って、どうハンドリングするか？

たとえば、イラっとしたら六秒カウントするだけで怒りの気持ちを沈める効果があるといいます。怒りが、ピークに達するまでの所要時間がおよそ六秒。その間、反射的な行動や言動を抑えて理性を保つための工夫です。ちょっとした言動や行動が、周囲との人間関係や組織の信頼を一瞬にして崩してしまいます。そして、一度崩れた信頼関係の修復は容易ではありません。人の上に立つ人ほど、アンガーマネジメントを大切にしたいものです。

読みどころ

きはまりなき放言《ほうごん》しつと思ひける気色《けしき》にて、馬ひき返して逃げられにけり。

訳 ひどい暴言を放ってしまったと反省した様子で、馬を引き返してお逃げになった。

解説

「カッとなって、つい」そうした暴言や暴力で多くの政治家や芸能人が引退に追い込まれてきました。最近では、怒りに任せたツイッターの発言で炎上している人も多くいます。

古文の世界にも、プッチンきてしまった結果、大変な罰を受けた人がいます。清少納言の恋人でもあった平安貴族・藤原実方です。彼は、百人一首に「かくとだにえやは伊吹のさしも草　さしも知らじな燃ゆる思ひを」（僕が貴女をどれほど好きかは言葉にできない。きっと僕の熱い想いに気づいてくれてないんでしょうね）が選ばれている風流人で色男ですが、カッときやすい性質だったようです。家柄に比して不遇だったことで不満をつのらせていた実方は、不仲だった藤原行成と清涼殿（今でいう皇居）でケンカ。相手の冠を投げ落としました。これは、現在でいうと、公衆の面前で相手のパンツを下ろすような破廉恥な問題行動です。この一件で一条天皇の逆鱗に触れ、中央貴族から陸奥守に左遷され、そのままかの地で亡くなったといわれています。

曖昧が無駄な忖度を生む
～第二三四段　人のものを問ひたるに

こういう人間いるよな。人が教えてって頼ってきた時に、ちゃんと説明をしないで、思わせぶりな言い方をするやつ！　ある程度は知っているだろうと思うのかもしれんが、知っていることでも、確実に押さえたいと思って質問するのだろうに……。

あと、情報通ぶりたいのかね、人のまだ知らないウワサを、「それにしても、あの人の、例の件は大変なことで」とだけつぶやくのな。

そうすると、いちいち「何のこと？」と連絡しなくてはならんから、不愉快なこと。

世間で知られた話でも、たまたま聞き漏らしている人もいるのだから、わかりやすく言ってやるのがいいじゃないか。

もったいぶるのは、かえってダサいことじゃよ。

当世とほほ徒然話

ある会社の昼下がりの光景。今日も、こんなやりとりが繰り広げられています。

社　　長「当社は、グローバル化を目指す！　そのための施策を検討して提案してくれ！　グローバル化の意味、わかるよな？」

経営企画部長「（どきっ）もちろんです！　かしこまりました！　至急、検討いたします」

すぐさま自席に戻る経営企画部長。部下を集めて、緊急会議を開きます。

経営企画部長「というわけで、グローバル化の施策を考えることになった。みんな、アイディアを出してくれ」

部　下　一「そもそも、社長は何をイメージして『グローバル』っておっしゃっているんですかね？」

経営企画部長「ううむ。そうだな……」

部　下　二「市場のグローバル化を目指すのか？　生産拠点を海外に移すのか？　それとも社員を多国籍化するのか？　いろいろ考えられますよね」

部　下　三「グローバルっていいますけれど、アジア、ヨーロッパ、北米、中南米、ロシア……社長はどの地域を想定しているんでしょう？」

経営企画部長「ううむ。いろいろと不明な点があるな。各事業部長も集めて、検討会をやろう！」

部　下「は、はぁ……」

「モヤモヤ」は生産性とモチベーションの敵――これ、私が「働き方」をテーマにした講演やインタビューで連呼しているフレーズです。ふとまわりを見回してみると、私たちは日々、何気ない「モヤモヤ」に囲まれています。上記のダイアローグも、その最たる例。

- **意図が不明**
- **目的がわからない**
- **イメージがつかめない**
- **優先度がわからない**

このような「モヤモヤ」が、悪気なく私たちの無駄な仕事、手戻り、不安を生み、やる気を下げます。組織が大きければ大きいほど、トップの曖昧な発言や、その下の人の知ったかぶりは本当に厄介。こうして、無駄な忖度や、上位者の意図や目的を推測するための無駄な会議や資料作成が繰り広げられます。

さて、ここで問題！　その時間、何かを生み出しているでしょうか？　その仕事が、社員と組織の成長につながるでしょうか？

・上に立つ人ほど、わかりやすいコミュニケーションを！
・真ん中に立つ人ほど、相手の意図をわかりやすく言語化し、他者にわかりやすい粒度に噛み砕く工夫を！
（さもないと、単なるメッセンジャーで終わってしまいます）
・「相手も当然知っているだろう」はご法度！

さらには……

・「わからない！」「教えて！」と言い合える、コミュニケーションのきっかけや仕組み作りを！

上記のエピソードは、社長に直接意図を聞いてしまえば速いですよね。無理に抱え込んで「モヤモヤ」するから、生産性が下がるのです。組織運営にとって、「わかりにくい」は罪ですぞ。

読みどころ

誠に知らぬ人もなどか無からん。うららかに言ひ聞かせたらんは、大人しく聞こえなまし。

訳 本当にわかっていない人も、どうしていないと言えようか。素直にはっきり説明したほうが、思慮分別のある人だという印象になるに違いない。

解説

NHKが「NEWS WEB EASY」というサービスを提供していることは、ご存じでしょうか。外国人などに向け、普通のニュースサイトよりもやさしい日本語で情報提供をしているサイトです。たとえば、「チケット不正転売禁止法 きょう施行」という見出しが、このサイトでは、「チケットを買《か》った値段《ねだん》より高《たか》く売《う》ることが法律《ほうりつ》で禁止《きんし》になる」になります。

日本に暮らす外国人で、日常会話までは習得できていても、漢字を含む文字の読み書ききまでは難しいという人もいます。「新聞が読めるレベルまで日本語を勉強しろ」と全員に要求するのは横暴ですし、現実的な話ではありません。「NEWS WEB EASY」は、そうした人たちが情報難民とならないよう支えるサービスの一つです。

これは、ニュースのユニバーサルデザインと呼べるでしょう。ユニバーサルデザインは、障害などにかかわらず広く利用できるように製品を設計することをいいますが、こうした製品は単に障害者に優しいだけでなく、万人にとって使いやすいものになります。やさしいニュースも、日本語習得中の外国人だけでなく、小学生や読み書きに苦手意識がある人、疲れた中で気楽に情報収集をしたい人など、幅広い人にとって役立つでしょう。

組織内や友人間のコミュニケーションでも同じ発想ができるのでは、と思います。従来の日本では、

「察しろよ」

と要求する文化が主流でした。従来は均質性の高い環境だったがゆえに、「察する」がそこそこ機能していましたが、誤解やトラブルを生んでいたこともまちがいありません。組織や社会の多様性が進んでいるのをいいキッカケに、もったいぶらず、わかりやすく、はっきりと伝える、伝達のユニバーサルデザイン化を目指すのはいかがでしょう。

美化しすぎるのも考えもの

〜第二三六段　丹波に出雲といふ所あり

丹波の出雲というところに、聖海上人が訪れた時の話じゃ。
神社の前にある獅子と狛犬が、普通とは違い、背中合わせになっておった。
上人は感極まって、「ああ、なんてすばらしい。
きっと、深いいわれがあってのことに違いない」と涙ぐんで、神官に由来を尋ねた。
すると、「ああ、それは子どもたちのいたずらです」とあっさり直してしまった。
勝手に感動して泣いておった上人は、完全なる空回りだったわけよ。

当世とほぼ徒然話

いつも大人しくしていて、どちらかというと地味な感じのAさん。なんと、大型案件を受注してきました。部内は騒然。部長も課長も、大喜びです。

「いや、Aさんすごいね！　あなたにそんな営業力があるとは思わなかったよ」

満面の笑顔で高らかに声をかける部長。

「いえいえ。そんな、たまたまなんです。本当に、偶然です……」

恐縮するAさん。部長はかまわずテンションを上げます。

「その謙遜がまたすばらしいね。Aさんは、ほかの人が知らない営業の秘訣を心得ているに違いない。そうだ、今度の部会で、みんなの前で発表してよ！」

まわりの社員もうんうんと頷きながら、興味津々な表情でAさんに視線を向けます。

「やめてください！　本当に、ほんとうに、たまたまなんですから……（あぁ、困ったなぁ）」

ほめる文化。組織のメンバーのモチベーション維持向上に寄与します。さりとて、何でもかんでも大げさに感動して、ほめすぎるのも考え物。

ほめられるのを、嫌がる人もいます。普段ほめられ慣れていない人。目立つのがニガテな人。性格は人それぞれ。また、その成果は……

・本人が意図したものではないかもしれない

・たまたま、時間に余裕があって気を利かせてやっただけ。過度に期待をされても困る

その可能性もなきにしもあらず。大げさに感動されて、ヒーロー／ヒロインにされてしまっては、本人が心苦しくなります。

このようなマインドの人は、一度大げさにほめられてしまうと、恐縮して「気づき」や「成功体験」を開示しなくなります。過度に演出せず、そっとお茶の一本でも差し入れて、終わりにするのも優しさです。

読みどころ

上人の感涙いたづらになりにけり。

訳 勝手に感動した上人の涙は無駄になってしまった。

解説

笑い話の中に普遍的な教訓が入る。これは、兼好の得意の型です。

この丹波の出雲というのは、京都府亀岡市にある出雲大神宮で、約一三〇〇年の歴史を持ち、丹波国一宮とされる立派な神社です。今でいう「ブランド力」のある神社でした。そのブランド力ゆえに、上人も理想化し、勝手に深いいわれを想像してしまったわけです。普通に考えれば、獅子と狛犬が外側を向いているのはおかしいのに、それに気づかないほど目が曇らされていました。

ブランドイメージに引っ張られ、真実が見えなくなっていないか。

期待ゆえに美化し、過剰に持ち上げてしまっていないか。
そう自問自答し、客観的に事実を見るための、いいキッカケになる段です。

営業成績

第2章
環境・組織風土

性悪説は信頼を遠ざける
～第十一段　神無月のころ

兼

陰暦十一月の頃、来栖野を過ぎ、とある山里を訪ねたことがあった。
苔生す道の先に、ひっそりと暮らしている庵があった。あたりは静寂。
聞こえるのは、懸樋から落ちる雫の音ぐらい。んー、じつに侘びさび！
いい暮らしぶりだと、うっとりしておったら、庭のほうにおかしなものがあった。
たわわに実った蜜柑の木――のまわりに、厳重な柵！　盗まれないように、
ということだろうが、何だか急に俗っぽい欲が見えて、感動もさめてしもうた。
この木さえなけりゃ……。

当世とほぼ徒然話

「御社のオフィス、新しくて明るくて、素敵ですね！」

取引先の新本社を訪れたあなた。ガラス張りの明るいフロアに、真新しい受付ロビー。社

員の働きやすさに、とことん配慮した空間設計。ふと、隣を見ると広いカフェラウンジが。社員がリラックスしながら仕事をできるようにと設けられたそう。しかし、人の姿がまばらだ。利用している社員が少ないように見えるが……

「カフェラウンジ、使うハードルが高いんです」

聞けば、利用規則が厳しく、カフェラウンジで仕事をする時は何をしていたかを一〇分単位で細かく報告し、「きちんと仕事している」「遊んでいない」ことを証明しなければならないとのこと。ご丁寧に、専用の報告書まで用意されている。いちいち報告するのがめんどうで、だれも使わなくなったという。

「それに、ウチは経費を使うのもけっこう厳しくて。ここでコーヒー一杯飲むのにも、それどころか鉛筆一本買うのにも、めんどうな申請と部長承認が必要なんです……」

そろって顔を曇らせる社員たち。気のせいかな。真新しいオフィスが一瞬、最新鋭の監獄に見えた気がした。

「働き方改革」のテーマのもとに、働きやすい職場環境やリモートワークなど、新しいワークスタイルを導入する企業が増えてきました。まるで、カフェや美術館のようなオシャレな佇まいで、いるだけでモチベーションが上がるフリースペースや、和のしつらえの趣のある会議室など、従来の会社の事務所とは一線を画す斬新なオフィスも。

その一方、せっかくの斬新な空間も台なしな、ルールがんじがらめで「堅苦しい」「重苦しい」職場もあります。一気に興ざめ！

「まるで自分たちが信頼されていないようだ」
「会社から敵視されているように感じる」
「子ども扱いされているみたい。馬鹿にするな！」

社員たちは、そんな切ない本音を漏らします。

規則やルールで縛らないマネジメントが、うまくいっている会社もあります。インターネットサービスプロバイダーの大手、さくらインターネット株式会社は、働き方改革を積極的に進める企業の一つです。仕事が早く終われば定時より前に退社できる「ショート30」、さまざまな場所での勤務を可能にした「どこでもワーキング」など、ユニークな仕組みがたくさん。しかし、細かな規則で縛ることはしなかったそうです。同社の働き方改革の取り組みは、「性善説」に立脚しているからです。ルールや罰則で縛るのではなく、会社が社員を信じ、社員が主体的な働き方を自ら実践できるようにする。外圧ではなく、中から組織風土を変えたい。「制度より風土」を目指したといいます。

規則やルールでがんじがらめにされると、人のモチベーションや、エンゲージメント（組織への帰属意識や愛着）は下がります。制度やルールで縛ろうとする、すなわち「性悪説」に立脚したマネジメントを、社員は「自分たちは信頼されていない」というメッセージと捉えます。

「愛社精神が低い！」

「社員のエンゲージメントを高めたい！」

いやいや、自分たちを信頼してくれない人たちを信頼しろと言われても、そりゃ無理ってモンです。コンプライアンスやガバナンスなどいろいろめんどうくさい時代ではありますが、ここは一つ、組織の側から社員を信頼してみませんか？　経営者のみなさん、経営企画や人事部のみなさん。そして、マネージャーのみなさん。あなたたちの社員、もっと信頼してあげなさいな！

読みどころ

あはれに見るほどに、かなたの庭に、大きなる柑子の木の、枝もたわわになりたるが、周りを厳しく囲ひたりしこそ、少し事冷めて、「この木なからましかば」と覚えしか。

訳 しみじみ素敵な暮らしぶりだと見ていると、あちらの庭に、大きな柑子蜜柑《こうじみかん》の木で、たわわに実っている木が、実を盗まれないよう周囲をきっちりと取り囲んでいたのを見て、ちょっと気分がさめて、「この木がなかったらなぁ……」と思った。

解説

中国古代の思想家・孔子（前五五二年頃〜四七九年）の教えを受け継いだ思想家に、対照的な二人がいます。

一人は、「人間は生まれながらに善である」という性善説を唱えた孟子（前三七二頃〜二八九頃）。たとえば、井戸に落ちそうな子どもを見たら、つい助ける。この「つい助ける」のは、生まれつきの善心によるもので、悪事を犯す人がいるのは環境から悪い影響を受けるせいだと見たのです。

それに対し、もう一人の荀子（前三一三頃〜二三八頃）が唱えたのが「性悪説」。優れた人物も、後天的な努力によって人格を磨き上げただけであり、みんな生まれつきの本性は悪なのだ、と。大多数の人は、欲望に突き動かされて悪事を犯してしまうと考えたのです。荀子の思想を受け、中国では「法家」という思想が発達します。信賞必罰を徹底し、人民を厳しく取り締まることで、社会秩序を維持しようという考えです。

でも、人間、取り締まられれば取り締まられるほど、抜け道を探したくなるもの（笑）。取り締まる側と、抜け道を探す側のいたちごっこが始まり、結果として、取り締まるのに莫大なコストがかかるようになります。取り締まりを担当する側も人間ですから、大きなストレスを抱えることに……。だったら、武田鉄矢さんも言うとおり「人を信じて傷つくほうがいい」のでは、というのが吉田の見解です。

兼

外の世界を見てこそ発見がある
～第十五段　いづくにもあれ

どこに行くにせよ、旅はいいぞ。しばらく旅に出かけてみると、新鮮な気分を味わえるもんじゃ。あれこれ見て回り、田舎や山里を歩けば、都会人にとっては見慣れぬものが多かろう。旅先にいてこそ、いろいろなものに気づくものじゃ。普段から身の回りにあるものさえ、違って見えてくるからおもしろい。

当世とほぼ徒然話

「当社もイノベーションだ！　いままでの仕事のやり方、ビジネスモデルを抜本的に見直し、変革するのだ」

創業五十年の、老舗製造業のA社。ある日、社長の鶴のひと声で、イノベーション推進室が創設されました。社内の各部署から集められた、気鋭のメンバーたち。しかし、社長の思いとは裏腹に、みななんだか浮かない表情をしています。

「外の人の力を借りたいんですけれどねぇ。ろくに予算が与えられていなくて……」
「社外のフォーラムに出たいのですけれど、近距離の出張ですら決裁がめんどうくさくて」
「参考書籍一つ買うのにも、経理がいちいちイチャモンつけてくるんです」

イノベーション推進室の面々。こうして、今日も社内の暗い会議室でもんもんとしながら、いったい何をどうイノベーションしたらいいのか？　出口のない、むなしい議論を繰り広げる日々。そして、そんなメンバーの姿を横目に、他部署の社員たちは無慈悲にも、こう呟きます。

「あの人たち、いったい何をしているの？」

流行り言葉のように言われ、日本の企業や自治体、官公庁では「イノベーション推進室」「働き方改革推進チーム」なる専任組織が、続々と立ち上がっています。しかし、その組織の有様は、大きく二極化しています。イケている組織と、イケていない組織です。

イケているイノベーション組織、改革推進組織は、どんどん外に出ています。あるいは、外のいいものを中に取り入れています。おもしろい人と出会い、おもしろいチャレンジを起こし、そこから社内の景色を変えていっているのです。

一方で、ろくな予算も与えられず、外に出してももらえず、外の力も借りられない組織。イノベーションとはほど遠い、デモチベーションのどんより景色が広がっています。アウトプットも出せず、社内の評価も芳しくない。

イノベーションや改革を期待するならば、予算をつけましょう。そして、どんどん外に出ましょう。井の中の蛙に、社内の景色を変えられるわけがありません。イノベーション組織や改革組織のメンバー自らが外に出て、情報発信し、新しいものを取り入れてチャレンジする。それがなによりの、中の人たちへのメッセージです。


「チャレンジしてもいいんだ!」

「ウチの会社、古い慣習を変えられるんだ!」


組織風土は、こうして変わっていきます。オフィスにこもっていては、いいアイディアは生まれません。イノベーションも生まれません。たまには、旅に出てみましょう。

読みどころ

何処《いづく》にもあれ、しばし旅立ちたるこそ、目覚むる心地すれ。

訳 どこに行くにせよ、しばらく旅に出かけると、目が覚めるような発見があるものだ。

解説

「東海道五十三次」などの宿場が整備されるのは江戸時代のことで、それまで旅は、気軽な娯楽ではありませんでした。野宿せざるをえなかったり（和歌で「旅」を導く枕詞は「草枕」です）、食糧が足りなくなったりする苦労もしばしば。そんな状況下ながら、兼好は金沢文庫（神奈川県横浜市）のあたりに下向した経験を持つようです。普段とは違う環境に身を置くことで、気づくことも多かったのでしょう。そうした経験が、この「旅のすすめ」の段に結実したわけです。

また、出家しながらも特定の寺に所属しなかった兼好は、仏教界はもちろん、和歌を通じて幅広い貴族や武士と交流がありました。さまざまな立場・階層を行き来するのも、一種の「旅」といえます。複数の世界を垣間見ることで、多くのことに気づいたのでしょう。

現代でも、異動・転職経験者や取引先など、外の世界も知っている人のまなざしは貴重です。

根性に頼らず、環境にお金をかけよう

～第五十八段　道心あらば、住む所にしもよらじ

「覚悟さえあれば、環境は関係ない。出家なんてしなくても、本気なら修行なんてできる」とか綺麗事を抜かすヤツがおるが、それはなーんもわかっとらん人間の意見じゃ。朝から晩まで、俗世間のこまごました用事に追われて、どうやって集中ができるかの。落ち着いた環境を整えんと、ろくなことはやれん。

当世とほほ徒然話

「いやー、この会社いいよ。見てのとおりデスクスペースが広いし、電話も鳴らない。作業に集中できるコーナーもあるし、こんな格好で出社しても文句を言われない」

B子さん。それまで勤めた大企業を辞めて、Webエンジニアのポジションでベンチャー

企業に転職した。Ｔシャツにジーンズ姿で、楽しそうに近況を語る。体調不良を装い午後半休を取って、Ｂ子さんのオフィスを訪れた元同僚の二人。なにもかもが眩しい。

「なんていうかね、Ｗｅｂエンジニアとしてリスペクトされている感じがするのよね」

余計なことは考えなくてよし。ひたすら、Ｗｅｂエンジニアとしての仕事に集中できる。生産性も上がると、Ｂ子さんは付け加えた。

帰り道。あまりのショックに、肩を落とす元同僚の二人。

「なんか私たちって、『作業者』扱いされてる感じがするよね」

「わかる。デスクは狭いし、モニターも小さくて仕事しにくいし……」

「せめて、切れかかった蛍光灯くらい、きちんと取り替えてほしいよね」

二人のため息は、尽きない。

コスト削減。利益率アップ。もちろん、企業体である以上、利益を追求するのは当然。コストを削減したい気持ちもわかります。しかし、削減一辺倒はいかがなものでしょうか？

私は、二百を超える職場で、「生産性」「働き方」をテーマにした講演やワークショップをしてきました。いずれの職場でも、生産性やモチベーションを下げる要因の一つに「環境」を挙げる人は少なくありません。

・パソコンが低スペックで、仕事が捗らない
・ホワイトボードがない
・休憩できるスペースがない
・電話が鳴りまくって、仕事に集中できない
・トイレが少ない
・デザイナーなのに、モニターが一枚しか与えられず、しかも画面が小さい
・ネットワークエンジニアなのに、なぜかスーツとネクタイで出社しなければならない
・イノベーション担当なのに、ツイッターもユーチューブも閲覧できないし、社外とのファイル共有もすべてNG

このような職場環境で、働く人の生産性や、モチベーションが上がるでしょうか？

「無駄遣いをせよ」とは言いません。しかし人は、お金や時間をかけてもらえないと、リス

ペクトされていないと感じる生き物です。プロとしてリスペクトされない職場に、優秀な人、熱量のある人は集まらないし、育たないでしょう。
あなたの職場、「コスト削減」の名のもとに、働く人たちのモチベーションと、組織の成長機会まで削減していませんか？

読みどころ

心は縁にひかれて移るものなれば、閑《しず》かならでは、道は行じ難し。

訳 心は周囲に影響されて移ろうものなので、余計なもののない、落ち着いた環境でなければ、精進などできない。

解説

綺麗事も根性論も、聞こえはいいのですが、実現性が乏しくては仕方ありません。その点、兼好はリアリスト。人間の心の弱さをきちんと理解したうえで、環境を整えることによりカバーし、成果を出そうとするのです。

「弱さを認めて、適切な対処をとる」

それこそが、実生活での真の強さではないでしょうか？

「心頭滅却すれば火もまた涼し」といいますが、心頭滅却の境地に至るのに何年も修行をするぐらいなら、さっさと火を消すなり、火から離れるなりしたらいいですよね（笑）。

豆知識を教える雰囲気ありますか？

〜第九十六段　めなもみといふ草あり

メナモミという植物を知っとるかい？　マムシに噛まれたときの特効薬じゃ。いざという時のために、実物がどんな植物かを見て、覚えておいたほうがよいぞ。

当世とほほ徒然話

昼休み。ここは大会議室。午後からのプレゼンテーションを前に、A子さんはパソコンの前で浮かない表情をしています。

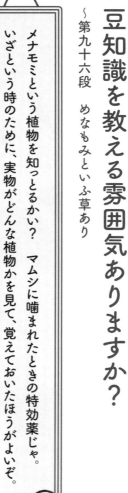

「はぁ。プレゼンは苦手じゃないんだけれど、いつも質疑応答でつまずくのよね……」

プレゼンテーションの最後の質疑応答。聴講者は「〜のスライドについて質問があります」「〇ページの説明についてお聞きしたいことが」とページを指定して質問します。これが、なかなか厄介。プレゼンテーション用のパワーポイントを、そのページまで戻すのに時間がかかる。バックスペースキーを何回も連打してスライドをさかのぼらなければならないことも。あ、カタマった。なんとも気まずい、沈黙の時間。

「あ、もういいです」

みんなの時間を奪ってしまっている、その空気に耐えかねて取り下げる質問者も。会場はますます微妙な空気に。やがてだれも質問しなくなる。これ、なんとかしたい……。

「あれ、A子さん知らなかった？　スライドショーの状態のままで、ページ番号の数字をキー入力してEnterキーを押すと、一瞬にしてそのページに飛べるんだよ。覚えておくと便利だよ」

A子さんの呟きに反応した上司のBさん。とおりすがりにアドバイス。A子さん、言われるがままに目の前のパソコンで試してみます。本当だ！　一瞬で目的のページを表示できる！

「ありがとうございます！　さっそく、午後のプレゼンで試してみます！」

もう質疑応答、怖くない。

ちょっとした豆知識が、いざという時の悩みを解決してくれるものです。豆知識そのものの仕入れと開示も大事ですが、「だれがどんなことに悩んでいるのか？　困っているのか？」がわかり合える雰囲気づくりも肝。

- **悩みを開示できる**
- **豆知識の一つも話せる、雰囲気や時間（隙）やきっかけがある**
- **まず、やってみる**

これが気軽にできる組織は、見ていてもすがすがしいですね。「生産性向上」「働き方改革」「業務改善」なんて掲げると、現場の人々にとってはなんだか大げさで思考停止、行動停止しがちです。一方、こんなちょっとしたお悩みごとや豆知識を交換しあうだけでも、生産性が上がり、信頼関係や働き方もよくなるものです。

読みどころ

めなもみといふ草あり。くちばみに刺されたる人、かの草を揉みて付けぬれば、即ち癒ゆとなん。

訳 メナモミという草がある。マムシに噛まれた人が、この草を揉んで患部にすり込んだところ、必ずすぐに治ったのだという。

解説

『徒然草』は時々、「ためしてガッテン」（NHK総合）のような、実践的な生活知を織り込んできます。この段もそうですし、ほかにも
・家は夏に過ごしやすいよう作れ。（五十五段）
・天井の高い家は、冬に寒いし、燈が暗く感じられるからよくない。（五十五段）

・倦怠期を避けるには、夫婦は別居せよ。（一〇七段）
・金持ちになりたいなら、お金を主人や神のように崇めよ。（二十七段）

などと、日々の暮らしをより快適にするためのコツが書かれているのです。

一方では仏教的に「人はいつ死ぬかわからないんだぞ」と説いている兼好ですが、だからといって悲観的になるのでなく、限られた人生をより豊かに過ごすための暮らし方を模索しているように思われます。「仏道のためなら自分の生活なんてボロボロでいい」というストイックなお坊さんも多いでしょうが、現代人には、裕福ではなくても丁寧に快く暮らそうとした兼好のほうがなじみやすいでしょう。

好かれる上司とは

～第一一七段　友とするにわろき者

兼

友に向かないのは、上流階級。いっしょにいると肩がこる。
あと、若い人や、病気ひとつしない頑丈な人間は、他者への思いやりに欠けて好かん。
大酒飲みとか、腕っぷし自慢の武士とかにも、できれば近づきたくない。
あ、嘘つきとか、強欲な人は論外じゃ。
逆に、ぜひ友人に欲しいのは、物をくれる人、医者、そして知恵のある人だ。

当世とほぼ徒然話

「友」のみならず、職場で時間を長時間「共」にする人、たとえば上司との相性も、現代社会では重要。昼休み、若手社員はこんな会話を交わしているかもしれません。

Aさん「ウチの本部長、休まないわ、毎日遅くまで飲みに付き合わされるわで、マジ最悪なんですけど……」

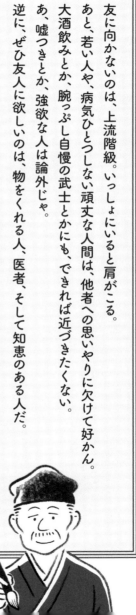

Bさん「わかるー。で、体調悪くして翌朝遅刻すると怒られる。気合が足りない！って」

Aさん「そうそう。本人が無駄に頑丈なのはいいんだけど、体育会系の根性論を部下に押し付けるのやめてほしいよね」

Bさん「気持ちはいつまでも若いみたいだけど、付き合うこっちが疲れて老いちゃいます……みたいな（苦笑）」

Aさん「それな！　でもって、気合、根性言うわりに、本人の言うことはコロコロ変わる」

Bさん「あるわ！　部下ががんばって目標を達成しても、全部自分の手柄にしようとするし……」

Cさん「二人とも大変だね。ウチの上司はいいよ。きちんと休暇をとるから、私たち部下も休みが取りやすいし」

Aさん・Bさん「なんと!?」

Cさん「外出が多い人だけれど、外で仕入れてきた知識や情報をどんどん私たちに共有してくれるから、すごく助かる。それから、私たちが一人で困っていると、『どした？』って声かけてくれて、いっしょに悩んでアドバイスくれるし」

Aさん・Bさん「めっちゃイイ上司やん！」

Cさん「部下のココロのドクターみたいだよね。……あ、そうだ。ところでウチの会社、中途入社の社員募集をしているんだけれど、二人とも興味……」

Aさん・Bさん「あるっ！」

長らく日本の会社組織は、年功序列を軸にした「タテ型社会」が一般的でした。いまなお、上意下達型の文化が根強い老舗企業を多く目にします。そのような構造の組織では、いわゆる体育会系の「気合・根性論」が支配的です。ところが、時代は変わりました。だれもが体育会系の価値観や体力に合わせられるわけではありません。文化系の人もいます。学生時代の運動部のノリをそのままコピー&ペーストした体育会系リーダーシップは、部下に受け入れられにくくなりつつあります。

今の時代、好かれる上司とはどんな人でしょうか？

・リソース（ヒト／モノ／カネ（予算）／情報）を調達して与えてくれる人
・知の向上に貪欲な人
・相手に寄り添って、メンターになってくれる人

個人的には、知識や情報を率先して仕入れて、部下に共有してくれる上司は好感が持てます。私のかつての勤務先の上司（部長）。彼は率先して他部署や社外の人と交流し、外部のフォーラムや講演会にも参加して情報を仕入れていました。仕入れた情報は、積極的に部下に発信。私たち部下が仕事で困っている時、「そのテーマなら、先月ちょうど有識者に会ったから聞いてみるといいかも。会ってみる？」「この本貸すから読んでみるといいよ。ここにヒントがあるから！」と、部下を人や知識とつなぎ合わせてくれました。それがとてもありがたく、何よりうれしかった。やがて、部下の意識も変わってきました。

「この部署では、外に出てもイイんだ。情報を仕入れて、発信してイイんだ」

こうして部下の私たちも、どんどん外に出て、どんどん情報を共有しあうようになりました。

「ウチの会社は情報共有ができていない」

こう嘆く経営者は、少なくありません。しかし、お堅い会社であればあるほど、わざわざ情報や知識を仕入れて、さらに発信もしてくれる奇特な人はなかなかいない。「仕事をおろそかにしている」と思われるのが怖くて、自分のなかに情報を抱え込んでしまう人も。

上に立つ人ほど、率先して情報を仕入れ、自ら情報を発信してください。そこから、徐々に学習する組織風土が芽生えてきます。

読みどころ

友とするにわろき者。病なく身強き人。毅《たけ》く勇める兵。よき友。知恵ある友。

訳 友とするのにダメなのは、病気もしない頑丈な人。強く勇ましい武士。いい友人は知恵のある人。

解説

この段の元ネタは、『論語』（季子第十六の四）であると見られます。

「良い友人には三種類ある。悪い友人にも三種類ある。正直な友、誠実な友、博識な友は、付き合いがいのある良い友人だ。見栄っ張りな友、こびへつらう友、口達者な友は、持って損する悪い友人だ」

そう孔子は語っています。中国古典に造詣の深い兼好さんですから、きっと『論語』を読み、自分としてはこうだな、と答えてみたのでしょう。このあたり、ブログのお題やツイッターのハッシュタグで自説を語る現代人に似ています。ぜひあなたも、自分なりの「良い友人」「悪い友人」論を考えてみてくださいませ。

なお、「友によくないのは」で兼好が挙げたのは七タイプ。貴い人、若者、健康な人、酒好き、武士、嘘つき、強欲者でした。嘘つきや強欲者はすぐにわかるのですが、「どうして若者はダメなんだろう？」と考え始めると、難しい。ある意味、謎かけのような段です。原文では単に箇条書きになっているだけなのですが、今回は「これが挙がっているのはこういうワケかな？」と私なりに考えた理由を足してみました。ぜひ、みなさんの解釈も聞いてみたいところです。

たちのみ屋
スナック
とり

兼

形から入るのも大事

~第一五七段　筆を取れば物書かれ

人間の気持ちはな、物事に触れることで生まれるもんじゃ。筆を持てば何かを書くし、楽器を持てばとりあえず弾くだろう。盃なら酒、賽子なら博打が浮かんでしまうのが人間じゃ。だから、悪い気持ちを引き起こすようなものに触れてはいかん。身のまわりにいいものを置くのがよいぞ。ありがたいお経を置いておけば、ふと目にした一節で人生が変わることもあるものじゃ。

当世とほぼ徒然話

「お客様のイノベーションを支援する、最先端のエンジニア集団になる」

ＩＴ企業のＡ社。次期中期のビジョンが掲げられた。経営陣の鼻息も荒い。一方で、中間管理職は苦笑い、現場のエンジニアはため息。

・ＰＣのスペックが低い
・大型ディスプレイも買ってもらえない
・執務スペースが狭い
・作業に集中できるスペースすらない
・ふた言めには「セキュリティ」に「コスト削減」。最新のクラウドサービスすら使わせてもらえない

まったく他社のイノベーションを支援できる気がしない。それどころか、こんな環境では最先端のエンジニアにすらなれそうにない。理想は高く、現実は厳しく。低スペックのパソコンに耐えかねたエンジニアたち。今日も、私有のスマートフォンで元気に転職サイトを漁っているのである。

「イノベーション」「コラボレーション」「グローバル」「最先端」

大げさなテーマを掲げるわりに、まったく投資せず、環境を改善せず、社員が意気消沈している現場を見かけます。贅沢な投資をする必要はありませんが、形から入るのも大事。

・イノベーションが起こりそうな職場環境とは？
・コラボレーションを邪魔する、古い慣習や間接業務にまみれていないか？
・グローバルに活躍できるための制度やＩＴインフラは整っているか？
・最先端を目指す人が働きやすいサポートができているか？

惜しまず、投資や改善をどんどん進めましょう。

何事も、形は大事です。たとえば、職場に自由にいじれるテスト用のＩＴ環境（機器やソフトウェア）があるだけでもいい。好奇心のあるエンジニアは、そこで真新しいソリューションを試してみたり、新しい言語でアプリケーションを組んで動かしてみたりとトライ＆エラーするもの。そうやって、最新の技術にくわしくなっていきます。そこで「環境に投資する費用対効果は？」「遊びたいだけじゃないの？」なんて言ってしまったら、そこで試合終了。成長欲求の強いエンジニアほど、とっとと見切りをつけて、環境のいい会社に転職してしまいます。

投資する／環境を改善する＝その人たちの仕事をリスペクトしている、期待しているという、会社から社員への何よりのメッセージであると心得ましょう。

読みどころ

筆を取れば物書かれ、楽器を取れば音を立てんと思ふ。盃を取れば酒を思ひ、賽《さい》を取れば攤《だ》打たん事を思ふ。心は、必ず、事に触れて来る。

訳

筆を持つと、物を書かずにはいられない。楽器を持つと、弾こうと思う。盃を手にすれば酒が飲みたくなるし、賽子に触れると博打をしようと考える。気持ちは必ず物事に触れて生まれる。

解説

人は触れたものの影響を受ける以上、心を整えるには、環境を整えることが重要である――そう語る兼好ですが、彼にとっては「出家」という選択も、環境を整えることだったかもしれません。余計なものに触れず、望ましいものにだけ触れて暮らすための道だったのでしょう。

同じ随筆家として知られる鴨長明は、神職の一族に生まれながらも、その道での出世を阻まれ続けた人でした。河合神社の禰宜になるのを邪魔された後、彼は出家し都から離れ、山里に隠居します。俗世に残っていると、いろいろな情報に触れてしまい、嫉妬や憤りで心が乱される、と考えたに違いありません。

相手依存は組織も個人も脆くする

～第二一一段　よろずの事は頼むべからず

どんなことも当てにしてはならん。
期待しすぎるからこそ、恨んだり怒ったりする羽目になるんじゃ。
たとえば、上司に気に入られているからといって、頼りにしてはいかん。
いつ、逆鱗に触れるかわからんもんじゃ。
部下も、あてにしないほうがいい。裏切ることもある。
自分にも他人にも余計な期待をしなければ、いい結果は喜べるし、
悪い結果が出ても無駄に恨まないで済むものじゃ。

当世とほぼ徒然話

「部長会に報告する資料を作ってほしいんだけれど。なるはやで。データはここにあるから、
いい感じに仕上げておいて。よろしく」

課長のCさん、部下のAさんにそれだけ言い残すと、足早に去っていってしまいました。さあ、困った。頭を抱えるAさん。

――そもそも、だれに何を報告する資料なのだろう？

――「なるはや」って言うけれど、期限はいつ？　私もすでに抱えている仕事がたくさんあるんだけれどな。

――「いい感じ」って、どんな感じよ？

たくさんのモヤモヤが頭の中に広がります。

悩んでいても仕方がない。Aさんはとりあえず手を動かすことに。

「できた？」

三〇分後。フロアに戻ってきた課長は、背後からAさんのパソコンのモニタを覗き込みます。画面には、作りかけの資料が。

「ああ、違うな。僕がイメージしてたのはこういう資料じゃなくって。ああ、もう……」

次の瞬間、ダメ出し。ここでようやく、課長の口からだれに何を伝えたい資料なのか？どんな成果物イメージなのかを聞くことができました。

「キミなら言わなくてもわかると思ったんだけれどな。残念だよ……」

とどめのひと言。

――いや。それはこちらのセリフです。あなたの指示も相当残念ですから！

Aさんは喉まで出かかった言葉を、精一杯呑み込みました。確認しなかったAさんも悪い。しかし、課長の雑な指示の仕方も悪い。こうして、上司と部下の信頼関係が少しずつ悪くなっていくのでした。

相手に期待する。それは決して悪いことではありません。期待も信頼もできない相手と仕事をしても、いい仕事はできませんから。しかし、相手に過度に期待しすぎるのもいかがなものでしょう？

「これくらい、言わなくてもわかるだろう」

「相手はプロなんだ。こちらの意図を汲み取って適切な成果物を提供してくれるハズだ」

「いちいち報告を求めなくても、自分から報告してくれるだろう」

「わざわざ報告しなくても、聞きに来てくれるだろう」


こうして、お互い、自分の都合のいい行動や成果を相手に求めようとします。しかし、所詮は他人。相手の期待どおりのアウトプットを出せるとは限りません。でもって、ハズすとどうなるか？


「がっかりだ」

「信頼していたのに……」

「残念だ」


こうして、上司と部下、自社とお客さん、あるいは自社と取引先の関係が悪くなります。勝手に相手に期待して、勝手に行き違って、信頼関係が崩れます。だれも幸せになりません。いわゆるあうんの呼吸によるコミュニケーションは、なじみの相手であればまだしも、新しい上司や部下、新しいお客さんやお取引先、あるいは国籍の異なる人など、いままでとは違う相手と仕事をするうえでは、リスクでしかありません。

- 仕事を言語化できる
- 要件を説明できる
- 情報を開示する
- 進捗管理や報連相を設計して実行できる
- 最新のＩＴツールを使いこなして、スピーディに仕事ができる

グローバル化、人材の多様化、働き方の多様化が進む時代だからこそ、これらのマネジメントが求められます。仕事を出す方／受ける方が、ともに曖昧性を排除し、お互いがモヤモヤせず、本来価値の提供にフルコミットする。そうして得られる信頼関係は、強いです。また、そのマネジメントができる人は、どんな環境でも活躍できます。すなわち、組織に依存せず生き残れる、強い人材になれるのです。

読みどころ

万《よろず》の事は頼むべからず。身をも人をも頼まざれば、是なる時は喜び、非なる時は恨みず。

訳 どんなことも頼りにしてはならない。自分のことも他人のこともあてにしなければ、よい時に喜び、よくない時も恨まないでいられる。

解説

鎌倉時代の文学に見られるのが「無常観」です。鴨長明の『方丈記』は「行く川の流れは絶えずして、しかも元の水にあらず」と始まり、源平合戦を描いた『平家物語』も「祇園精舎の鐘の声、諸行無常の響きあり」と語り始めます。『徒然草』にも、無常観が見られます。二一一段が「どんなことも頼りにしてはならない」と説くのも、すべては移ろいゆくものだと考えているからです。万物は仮のもので、すべては無常だというのは、『般若心経』でいう「色即是空」にも通じます。

今、成功していても、いつ地位を失うかはわからない。自分に才能があったとしても、それが成功につながるとは限らない。人の愛もあてにならないし、約束は果たされないかもしれない。そんな不確かなものに期待するから、傷つく羽目になるのです。だから、期待などしてはいけない——という悲観的な話だけで終わらないのが、兼好です。「期待しないで、ニュートラルな態度でいるからこそ、淡々と起きたことを受け止められるのだ」と、効用も教えてくれます。

第3章

生産性

専門家を頼ってラクしよう
～第五十一段　亀山殿の御池に

後嵯峨上皇がお住まいの亀山殿の池に、
大井川の水を引き入れようとお考えになった。
そこで、地元の民たちに命じ、多額の謝礼を払って水車を作らせたんじゃ。
数日かかってできあがって、いよいよ動かしてみたら、まったく回らなかった。
これじゃいかんと、水車で名高い宇治の里の住人を召したところ、
やすやすと作り上げた水車は見事思いどおりに回った。
何事も、その道をよくわかっている専門家は尊いものである。

当世とほほ徒然話

「風土改革プロジェクト」のリーダー役を仰せつかった。当社のどんよりした組織風土を変えたい。社員がいきいき、ハツラツと働くことのできる会社にしたい。社長の肝いりで始まったプロジェクトだ。それはまあいい。しかし、メンバーがなんとも心許ない。

まずもって、年齢層が高い。平均年齢は四十五歳以上。全員、たたき上げのプロパー社員。なかには、部署異動すら経験したことのない人もいる。社長は「現状にとらわれず、多様なアイディアを」と言うものの、無理がある。率直に言って、このメンバーで組織風土を変えられる気がしないのだ。

このままではらちが明かない。外部の専門家や、中途採用の人をメンバーに入れたいと、社長に申し入れしてみた。

「何を言っている。自社の風土を考えるんだぞ。自分たちだけのチカラで考えて、汗をかかなければ、みんなが腹落ちするいい風土なんて創れるワケがない。外を頼ってはダメだ！」

なしのつぶて。社長のお気持ちもわかるのですが、それ、社長だけ腹落ちしたいだけではないですか？　そもそも、このメンバー、だれ一人として、改革はおろか、改善すらしたことがない。出だしからつまずいているんですけれど……。

かくして、社長を満足させるためだけの「風土改革お遊戯会」が、今日も曇天のもとに繰り広げられるのでした。

なんでもかんでも、中の人たちだけでやろうとする組織があります。十分な経験や能力、さらにはモチベーションがあれば、それもいいかもしれません。あるいは、その経験を自組織の知見やノウハウにしたいのであれば、あえての遠回りも決して無駄ではないでしょう。

しかし、すべてを内製でやろうとするのは、無理があります。品質にも、スピードにも悪影響。さらに、社員から「ケチな組織」だと思われます。お金も使わせてくれない、時間も与えてくれない、外を頼らせてもくれない——そのような組織や仕事に対し、人は情熱を持てるでしょうか？　視野もどんどん狭くなります。メンバーのモチベーションにも、大きく影響するのです。

・専門家を頼って、積極的にラクをする
・この機会に、専門家から学ぶ

この発想が、組織も個人も成長させます。今の時代、有識者とのコラボレーションは必須。あのトヨタですら、異業界のソフトバンクと協業する時代です。気合と根性で、ムリに何でも自分たちでやろうとしない。お金をかけて専門家を頼るのも、マネジメントです。

ところで、社内の既存のハードルが、悪気なく外とのコラボレーションの足をひっぱっている場合もあります。

・契約の事務手続きが煩雑
・稟議がめんどくさい
・決裁に時間がかかる
・何が何でも相見積もりをとらなければならない
・社外との電子ファイルのやりとりや、リモートでの会議ができない
・紙文化、ハンコ文化

このような、コラボレーションを邪魔する要因はとっとと排除していきましょう。これからの時代、外との迅速なコラボレーションができない、イコール、企業リスクです。

読みどころ

万《よろず》にその道を知れる者は、やんごとなきものなり。

訳 何事も専門家は尊いものである。

解説

「その道の専門家に任せるべき」という教訓は、いろはかるたやことわざで、さまざまに言い表されています。

・餅は餅屋
・馬は馬方
・海のことは漁師に問え
・酒は酒屋に茶は茶屋に
・蛇の道は蛇
・田作る道は農に問え

これは、現代版も各業界で作れそうですね。

塾講師としては、「勉強は教師の忠告を聞け」でしょうか。今日では、インターネット上にも学習アドバイスや受験の体験談などがあふれています。その中から、自分に一番都合のいい情報だけを選び、ひたすらに信じようとする生徒がいるのです。せっかく先生の側が、その生徒の特性を見極めたうえでアドバイスをしても、それが自分にとって不快な内容だったら、無視。「○○にはこう書いてあったし」と、受け入れやすい情報だけを参考にするのです。そんな姿勢では、学力は伸びないですよね……。

医師の友人からも、同様の話を聞いたことがあります。患者さん自身の判断で、通院を打ち切ってしまったり、同じ病気の人の話をもとに薬の飲み方を変えてしまったり。

情報を得やすい時代なので、素人なりに判断をしたくなるものですが、やはり専門家は専門家。疑問や不安があれば全部ぶつけつつ、専門家の力を借りたいですね。

素人の聞きかじりや思い込みは怪我のもと

～第五十二段　仁和寺にある法師

兼

ある仁和寺の坊さんがな、年寄りの一大決心をして、石清水にはじめて行ったみたそうな。そう、あの、男山のてっぺんの石清水八幡宮よ。そいつときたら、はるばる歩いて行ったというのに、男山のふもとの極楽寺や高良神社だけを見て「はー、これが石清水八幡宮か！」と思い込んで帰ってしまったというんじゃ。な？　どんなことでも先輩がいたほうがいいじゃろ？

当世とほぼ徒然話

総務部長「当社も業務効率化だ！　たとえば、毎月みなさんに提出してもらっている勤務実績表。いままでは、紙に書いてもらって、押印して提出してもらっていた。これからは、新たに導入する勤務管理システムの画面に入力してもらう」

社　員「やった！」

総務部長「で、その画面のコピーをプリントアウトして、押印して所属長に提出してください」

社　員「……ええっ⁉」

総務部長「わはは。これで毎月の勤務実績報告がスマートになるな！」

社　員「（それって、むしろ手間が増えるだけでは……）」

この総務部長、業務効率化の意味がわかっているのでしょうか？　きっとだれにも相談せず、一人でがんばってしまったのかもしれません。

なにかと複雑化する時代。素人が聞きかじった知識や思い込みで進めようとすると、怪我をします。専門家に頼りましょう。外部のコンサルタントを頼るもよし、あるいはその道にくわしい部下に任せるのもありでしょう。権限委譲は、相手のモチベーションやエンゲージメント（仕事や組織に対する帰属意識）向上にもつながります。

「そもそも、そのテーマは専門家の助言を必要とするレベルのものだったのか？」

それに気づかず、悪気なく自分でやってしまうケースもあります。ベテランに限った話ではなく、若手や初心者にも見られます。

「なぜ、相談しなかったんだ！」

「え、これわざわざ相談するレベルの事案だったのですか？」

このようなすれ違いは、組織内の信頼関係もなくします。

「業務効率化を進めたくて、ＩＴを導入しようと思うんだよね」

そんな感じで、あなたが「どんなテーマに取り組んでいるのか？」「どんなことで困っているのか？」を自己開示するだけでも、知見を持った人が寄ってきてアドバイスやヒントをくれるかもしれません。

読みどころ

少しのことにも、先達《せんだつ》はあらまほしきことなり。

訳 小さなことでも、先導者がいてほしいものである。

解説

仁和寺は、八八八年に創建された歴史あるお寺で、真言宗御室派の総本山。修学旅行の定番コースになっています。宇多天皇が譲位・出家した後に暮らしていた場所であり、住職（門跡）を代々皇族出身者が務めていたことから、皇室ゆかりの由緒ある寺院として隆盛を誇りました。

兼好は『徒然草』を書いていたころ、双ヶ丘《ならびがおか》という地に庵を構えていたようですが、双ヶ丘から仁和寺までは徒歩十数分です。兼好はしばしば仁和寺に顔を出し、こうしたエピソードを仕入れていたのでしょう。

仁和寺といえば、二〇一八年に始めた事業が注目を集めています。境内の松林庵を、外国人富裕層向けの一泊一〇〇万円の高級宿坊としたのです。檀家を持たない仁和寺が、文化財を後世に残していくには、収入源の確保が欠かせません。少子化で、修学旅行客も減ってくる中で、別の収入源を考え出したわけです。仏教界内部からはなかなか出てこなそうなアイデア、きっと外部の「先達」が助言したのでしょうね。

地道な取り組みが身を助ける

～第六十八段　筑紫になにがしの押領使

昔、筑紫に、何とかの押領使という人がおった。
この人は大根が万能の薬だといって、毎朝二本ずつ焼いて食べていたそうだ。
それがもう何年にもなった頃、彼の勤める館が襲撃された。
人がいない時間帯を狙われたんじゃ。まさに絶体絶命の大ピンチ！
ところが、二人の兵士が飛び出し、勇敢に戦って、ことごとく追い払ってくれた。
押領使が、見慣れぬ彼らに名を問うと、

「長年あなたが毎朝召し上がっている大根でございます」

と答えたんじゃ。
深く信じて、継続して食べ続けていたから、こんなありがたい展開が起こったんじゃろうな。

当世とほほ徒然話

ある会社の経理部。社員からの経費申請の処理や、取引先への支払い業務で今日も大忙しです。社内外からの問い合わせや、クレームもたくさん。みんな、てんやわんやしていました。

そんな経理部に、一人の新入社員が加わりました。彼女は真面目な性格で、自分が受けた問い合わせやクレームの内容を、コツコツと記録していました。

「ふうん。忙しいのにマメだね。でもめんどうくさくない？」
「そんなことして、何の役に立つの？」

時に心ない言葉を浴びせるベテラン社員もいました。しかし、彼女は気にしません。来る日も来る日も、自分が受けた仕事を記録し続けます。

それから十ヶ月の月日が流れ、会社は年度末の繁忙期を迎えます。今年はいつになく経費申請の件数も、問い合わせやクレームも多く、経理部のメンバーはみんな夜遅くまで残って対応していました。そんな中、彼女だけは手早く淡々と仕事をさばいているではありませんか。いったいこの差はどこから？

彼女を笑っていたベテラン社員たちは、問い合わせやクレームの回答内容を、毎度毎度ゼロから考えて説明しています。当然、その分、時間もかかります。一方で彼女は、自分が記録した過去の対応履歴を見て、最初に受けた時に考えた回答内容をコピー＆ペーストで再利用しているのです。また、繰り返し性の高い問い合わせを特定し、あらかじめ回答内容を手元に用意していました。

地道にためた記録は、後々になって自分を助けてくれます。

「飛び込んできた仕事を、その場の脊髄反射で対応できることこそがスキル」

そう思っている人がいます。はたしてそうでしょうか？

本当にできる人は、自分の仕事を記録しています。そして、その記録をデータとして活用し、未来の仕事をラクにしています。過去の対応事例にさっとたどり着いて、考えずに対応。また、仕事の発生傾向を把握して、次に同じことが発生した時ラクに対応できるよう工夫しています。新しく入ってきた人に、仕事の内容を説明するのもラクです。記録をもとに説明すれば、仕事をイメージしてもらいやすいですから。さらには、

「今月、突発の仕事を何件対応したか報告してください」
「トラブルの発生傾向を教えてほしい」
「どんな問い合わせがあるのか、説明してもらえる？」

このような上司や本社からの要求にも、一瞬で応えられます。

これが、日々記録していないとどうなるか？　メールの受信フォルダを漁って一件一件カウントしたり、何らかの見なおしをしたりしなくてはなりません。それを考えるのもひと苦労。

とはいえ、記録行為は地味です。はっきりいって、めんどうくさい。すぐに効果を実感できない。だから続かない。

「記録されたデータは、たまってきてから価値を発揮するもの」

それを知っている人は、未来にラクするために地道に自分の仕事を記録し続けます。だまされたと思って、まず三ヶ月記録を続けてみてください。そして、たまったデータをみんなで眺めて、振り返ってみてください。そこで何らかの価値に気づけたら、あなた（たち）も継続することの意義を実感できるでしょう。

読みどころ

年ごろ頼みて、朝な朝な召しつる土大根らに候ふ。

訳 長年当てにして毎朝お召し上がりの大根でございます。

解説

コツコツ記録を継続する、そのお手本は、貴族の男性たちです。彼らは、陰陽寮が作成した具注暦（現在でいう手帳）に、日々漢文で記録をとっていました。仕事の日誌のようなものです。年中行事が多い当時、前年までの記録が残っていると、参照できて助かったことでしょう。当時は世襲で同じような仕事にあたることも多く、彼らは子孫のためにも日記を書き続けました。

ただ、書く人の性格も出るようです。たとえば藤原道長の『御堂関白記』は、気が向いた時だけ書いているらしく、ほぼ毎日書いている時期もあれば、年単位の中断があることも……。誤字脱字もたくさんあります（笑）。道長本人の直筆本が残っており、二〇一一年にはユネスコ記憶遺産に認定されています。

無理に新しいことをやるのは「改革ごっこ」「改善ごっこ」にすぎない ~第一二七段　あらためて益なきこと

兼

変えても特に何もいいことがないなら、今までどおり、変えないほうがいいんじゃよ。

当世とほぼ徒然話

「働き方改革だ！　当社も、現状のやり方をどんどん見直し、新しいことを始める！」

いつも思いつきで、何かを始めたがる社長。今朝はいつになく鼻息が荒い。どうやら、またどこかのコンサルに入れ知恵された様子です。

「当社の課題はコミュニケーションだ。とりわけ、上下のコミュニケーションが悪い。だから、毎日三十分、上司部下で一対一で会話する時間を設ける。いいな！」

次の瞬間、「毎日三十分もいったい何を話せばいいのか」とゲンナリ顔になる社員たち。話すネタをわざわざ考えるのもめんどくさい。それより、無駄な日報とかハンコリレーとか、そういう従来の慣習を止めたほうが、よっぽど働き方も、コミュニケーションもよくなると思いますけれど……。

「働き方改革」「オープンイノベーション」

いつの世も、世の中はマネジメントキーワードであふれています。流行に敏感な経営者は、つねにこの手のキーワードを察知し、新たな取り組みを始めようとします（もっとも「働き方改革」については、政府や世間からの要請もありますが）。それ自体は、とてもいいことです。時代に取り残されてしまったら、会社は発展しません。意識的に新たな発想を取り入れて、アップデートしていかなければ、組織も個人も成長しません。

とはいえ、なりふりかまわず真新しいことを始めればいいかといえば、そういうものでもないでしょう。改革や改善が目的化してしまい、「かえって無駄な仕事が増えた」「社員のモチベーションが下がった」「経営者や人事部門だけの自己満足だ」……このような本末転倒な袋小路に迷い込む組織も少なくありません。実りを生まない、「改革ごっこ」「改善ごっこ」

に、いったい何の意味があるでしょうか？

改革をする時、新しいことを始めるより、むしろいままでやっていたことを止めるほうがよっぽど効果があります。

- **形骸化した定例会議**
- **ハンコリレー**
- **紙ベースの事務手続きや報告資料**
- **常に対面の打ち合わせ**

見渡せば、私たちは無駄に手間ひまがかかる、モチベーションを下げる慣習にまみれています。「改革！」「改善！」と新しいことに取り組むのも結構ですが、まずは止めることから始めてみてはいかがでしょう？

読みどころ

改めて益なき事は、改めぬを良しとするなり。

訳 改めてもメリットがない場合、改めないのが得策である。

解説

『徒然草』成立の約一五〇年前、平清盛が福原遷都を図りました。平氏にとっては、清盛が修復した大輪田泊（現在の神戸港の一部）のそばで、日宋貿易などの海運を中心として国家を発展させるという目論見があったようですが、皇族・貴族からすれば、遷都はまさに「改めて益なき事」だったでしょう。当時院政をおこなっていた高倉上皇は、「福原には離京を作れば十分」と冷ややかだったようです。結局、源氏挙兵の問題もあり、半年で平安京に都を戻す羽目になりました。

「これを改めると、あなた（世の中）にとって、どんなメリットがあるか？」

それをきちんと説明できない限り、どれほど絶大な権力を持つ者でも、改革は成し遂げられないのです。

「顔を合わせて話す」のがいいわけじゃない

～第一六四段　世の人あひ逢ふ時、暫くも黙止する事なし

世間の人は、顔を合わせてはベラベラ、ベラベラ喋っておる。
その内容を聞くと、たいてい、ろくでもない話じゃな。
だったら黙っておるほうがましというもの。
中身の薄い会話の時間は、互いにとって失うものが多く、得るものは少ない。
無益だと自覚していれば、そんなことはせんはずじゃが……。

当世とほぼ徒然話

今日は月曜日。情報システム部のメンバーは朝から憂鬱な表情をしている。その原因は明らかだ。三ヶ月前から始まった、「情報共有定例会議」。部長と課長陣が、その週の予定を淡々と報告しあう場だ。

「ウチの部は、コミュニケーションが悪い！」

そんな、部長の問題意識から始まったのだ。しかし、この会議、部長以外にとっては憂鬱以外のなにものでもない。別に興味のない、ほかの課長の予定を聞かされたところで、何の役にも立たない。「これ、なんのためにやるの？」とボヤいている課長もちらりほらり。百歩譲って、せめて部課長だけでやればいい。情報システム部の全社員、さらには外注スタッフまでもが集められ、時には一時間以上拘束される。

「一時間の情報共有だけのために、片道二時間かけて移動させられるの、ツラいです……」

ある外注スタッフはこう漏らす。ただでさえ、ブルーな月曜日の朝。心の曇り空に拍車をかける。

――これ、メールやスケジューラーで共有すればよくないですか？

きっとだれもがそう思っているに違いない……

「コミュニケーションに問題がある」
「情報共有が課題だ」

多くの組織長がそうおっしゃいます。だからといって、情報共有会を開催すれば解決するかといえば、そういうものではありません。共通の話題でも、関心ごとでもない情報を、ただ流されても、だれのトクにもなりません。役職者だけが空の上の話をしていても、現場の人たちには苦痛でしかありません。そもそも、情報共有をするだけならば、メールやメッセンジャーでこと足りるでしょう。メモや議事録を取る手間も省けます。

情報共有の会議を設定するならば、参加者の時間を無駄に奪わない工夫をしたいもの。

- 共通のテーマを設定する
- 議題を吟味して明確にする
- 参加者を絞る
- リモート参加もよしとする
- 時間厳守

これだけでも、有意義な場に変わります。

「会議」という形態にこだわらないのも大事。

・雑談が生まれやすいオフィス環境（レイアウトの工夫、フリースペースの設置など）を整える
・ビジネスチャットなど、気軽に会話や相談がしやすいＩＴツールを取り入れてみる
・ホワイトボードに各自の予定やタスクや困りごとを書き出して、だれが何をやっているのかわかるようにする

このような仕掛けの工夫も、有意義な情報共有を活性化させます。

読みどころ

語る時、互ひの心に無益のことなりといふことを知らず。

訳 くだらないことを語る時、この対話がお互いの心にとって無益であることを認識していないのだ。

解説

深い意味もなくベラベラ喋る。それは、本節で指摘されているとおり、時間の無駄であるのみならず、失言という余計なリスクも生じます。歴史上でも、次のような調子に乗った暴言が、約千年の時を越えて語り継がれてしまっています。

藤原道長「この世をばわが世とぞ思ふ望月の欠けたることもなしと思へば」（この世は俺の世だよね。満月が欠けていることがないように、俺の人生パーフェクト！）

平時忠「此一門にあらざらむ人は皆人非人なるべし」
（平家じゃなければ、人間とは言えないよ）
やはり「口は災いの元」であり、「沈黙は金」なのです。

「とりあえず会う」で〝仕事した感〟に浸って満足してない？～第一七〇段　さしたる事なくて人のがり行くは

たいした用事もないのに、人のところに行くのは控えたほうがいい。
用事があっても、終われば、さっさと帰るようにしなさい。
長居をされたら、とかく煩わしい。人がいれば、喋らなきゃいけないからのう。
やりたいことがあっても、後回しにせねばいかんし。
正直、お互いに無駄な時間を過ごす羽目になるわい。
とはいえ、迎える側も、内心「さっさと帰れよ」と思いながら
相手をするのは愚かなことじゃ。嫌なら嫌と、はっきり言ってしまえばいいのだ。

当世とほほ徒然話

営業部のAさん。クライアントのBさんから、製品に関する問い合わせのメールをいただ

き、さっそく訪問のアポを取ろうと電話をします。肝心のBさん、今日は来客対応で忙しい様子。何度かけても「離席中」。営業は粘り強さが勝負。めげずに何べんも電話して、五回目でようやくBさんにつないでもらうことができました。

「お忙しいところすみません。いただいたメールの件、一度ご説明にあがろうと思いまして」

そんなわざわざご丁寧に……。メールで回答してくれれば済むのだけれど——そう思いつつも、ついつい相手のペースに押されてしまうBさん。

「今週の私の都合のいい候補日を、いまから三つ挙げますね。水曜日の午後、木曜日の朝イチ、そして……」

ええ、ちょっと待って待って。そもそも、応接室が空いているか調べないといけない。予約システムを開くのにも時間もかかるし、応接室を取るのも、合う時間を作るのもけっこうめんどうなんだけれどな。ま、これも仕事だから仕方ないか。

結局、その週は人事部が採用面接で応接室を軒並み占拠していて、打ち合わせ不可。いったん電話を切り、メールで来週以降の空き日程をBさんからAさんに連絡することになりましたとさ。めでたし、めでたし。

「営業は足で稼ぐ」
「営業はお客さんと会ってナンボ」

いわば常識のように語られているフレーズですが、はたしてそうなのでしょうか？
やたらとアポを取って、相手と会いたがる営業さんがいます。私自身、サラリーマンをしていた時は購買部門に所属していたことがあり、当時は毎日多くの企業からご連絡をいただき、何人もの営業さんとお会いしていました。そして、ある時ふと気づきました。

「この感覚、すごくキケン……」

なんていいましょうか。すごく「仕事した気」になるのです。スーツをまとって（当時は、私はまだスーツを着ていました。いまは止めましたけれど）、応接室でビジネスパーソン同士、話をする。はたから見ても、ビジネスしている感じがします。だれも、サボっていると は思いません。一方で、やらなければならない仕事は、どんどんたまっていきます。クライアントと会っている営業さんとて、それは同じでしょう。なおかつ、彼ら／彼女たちは、移動時間をわざわざ使って足を運んでいる。その時間、自社や自宅で、クライアントにとって有益な情報発信をするなど、マーケティングやブランディングのための活動ができるかもしれません。

優秀な営業担当者は、対面と非対面をうまく使い分けます。リモートでスピーディに済ませられることは、ＩＴを使ってとっとと済ませて、相手の時間を無駄に奪わない。ただし、ここぞという時は、対面でじっくりと時間を使う。

あなたの組織、〝仕事した感〟に浸って、満足していませんか？

読みどころ

さしたる事なくて人の許《がり》行くは、良からぬ事なり。用ありて行きたりとも、その事果てなば、疾《と》く帰るべし。久しく居たる、いとむつかし。

訳 たいした用事もなく人のところに訪ねて行くのはよくない。用事があって行くにしても、終われば、さっさと帰るべきだ。長居する人は大変うっとうしい。

解説

兼好は、『徒然草』七十五段で、以下のように一人で過ごす時間を持つことの価値を語っています。

「徒然侘ぶる人は、いかなる心ならむ。紛るる方なく、唯一人あるのみこそ良けれ」

（手持ち無沙汰で暇な時間を嫌がる人は、どういう心理なのだろうか。振り回されるものなく、ただ一人で過ごすのこそいいことだ）

仕事でも私生活でも、必要以上に人と交わると、時間が取られてしまいますし、気を遣うあまり心身を擦り減らすことにもなりかねません。それよりは、自分自身の時間を確保することを心がけたほうがいいのでしょう。

兼好が庵で一人、徒然なる時間を過ごしてくれていたからこそ、名作『徒然草』が生まれました。自分や組織の進化につながる、本質的な時間の使い方をしたいものですね。

夢は大きく、でも足元こそ大切に

～第一七一段　貝をおほふ人の、我がまへなるをばおきて

兼

貝覆い、お前さんらの時代でいう神経衰弱に、意外にも人間の真理がある。
下手な人は、目の前にある貝をよく見ず、遠くにある貝を見る。
相手の手もとに近い貝を張り切って見ているうちに、
自分の真ん前にある貝を人に取られるというオチじゃ。
上手な人は無理せず、手近な貝を着実に取る。それで、多くの貝を取るのである。
何でも、遠くばかりを見てはならんぞ。自分自身の足もとを固めるのじゃ。

当世とほほ徒然話

「イノベーションだ！　新たな価値創出だ！」

「グローバル展開によるさらなる売上の拡大を！」

今日も本社最上階の役員会議室では、お偉いさんたちが会社の長期ビジョンを策定するという、なにやら遠くの議論をしている様子。一方、現場の中間管理職と社員たちの表情はといえば、イノベーションとはほど遠い。以下、ココロの声。

「日常の意思決定が遅すぎて、国内のお客さんを競合他社にとられている。まずはそこをナントカしましょうよ」

「紙とハンコの事務作業が多すぎて、やる気がなくなります」

「今月もまた社員が二人辞めました。長期のビジョンを掲げるのも結構ですが、目の前の待遇を改善してください」

「それ以前に、フロアの切れかかった蛍光灯、取り替えてください」

こうして、今日も経営者の問題意識と、現場の問題意識が悪気なくすれ違っていくのでした。

目先のことばかり考えていては、組織はやがて衰退します。中長期を見据えて手を打つのは、マネジメントの本質でしょう。さりとて、遠い先の理想ばかり追っていては、今度は現場の問題解決がおろそかになります。当然、現場のモチベーションが下がります。

経営者は「現場は、経営者目線が足りない」と嘆く。
現場は「経営者は、現場目線が足りない」と嘆く。

このすれ違いは、日本の多くの組織で見られます。
経営者の目線と現場の目線は、違って当然。立場も違えば、見えている景色も違うのですから。無理やり目線を合わせようとすることに無理があります。大事なのは、景色合わせ。

「経営者はこんなことを考えているのか」
「現場はこういうところにモヤモヤしているのか」

お互いの見えている景色や問題意識が違うことを理解する。そこから始めてみませんか？
そして、現場目線の改善は、潔く現場に権限委譲する。任せることも経営者の度量であり、組織運営のための健全な役割分担です。

読みどころ

万《よろず》の事、外に向きて求むべからず。ただ、ここもとを正しくすべし。

訳 何でも、遠くばかりを追求してはいけない。ただ、自分自身の足もとを正しくすべきである。

解説

具体的な例を通じ、教訓を実感させるのが兼好の書き方です。貝覆いのたとえは秀逸ですね。この一七一段の後半では、さらに中国の事例を挙げています。たとえば、「今ここでよいことをおこなうことに集中し、将来を計算してはならない」という清献公（三代の皇帝に仕えた名臣・趙抃《ちょうべん》）の言葉が載っています。夏王朝のエピソードも紹介されています。禹は異民族を征伐しに行ったもののうまくいかず、軍隊を引き返します。国内で徳政をおこなうことに集中すると、その評判が外にまで伝わって、異民族が自ら服従してきたのです。

やはり、「今ここ、足もとを固めることに集中する」ですね。

めんどうなだけの「謎作法」を疑おう

～第二〇八段　経文などの紐を結ふに

兼

お経なんかの巻物でな、紐を結うのに、最近では妙に凝ったやり方をするようになっとるのう。それを見て、弘舜さんがほどいて直させたんじゃ。「こういうのは最近にわかに流行るやり方である。気に入らん。もっと簡素に巻くのこそ正式である」と。よくわかった人であったなぁ。

当世とほほ徒然話

月曜日。今日も朝から電子メールが山のように届いている。Aさんはいつものように、缶コーヒーをすすりながら受信フォルダを漁る。

届いたメールの多くに、電子ファイルが添付されている。本文には、「パスワードは別メールでお送りします」なる、お決まりの一文が。その「別メール」をいちいち探して、パスワードを手に入れないと、ファイルを開けない。たまに、別メールを送り忘れている人もいて、その都度「パスワードが届いていません」と返信しなくてはならない。その添付ファイルは、ご丁寧にzip形式に圧縮されている。パスワードを入れて解凍。そのたび、Aさんのパソコンのデスクトップには、圧縮ファイルのフォルダがゴミのようにたまる。このゴミが残ってしまうのは、むしろセキュリティリスクじゃないの？

——ああ、めんどくせぇ……

そう思いながらも、次のメールの添付ファイルをせっせと解凍する。ふと、フロアを見渡す。奥の課長席付近が、なにやら騒がしい。課長が新入社員のBさんにお説教をしている様子だ。

「あのさ、電子ファイルをメールで送信する時は、ファイルにパスワードをかけるのが常識だよ！　まったく、キミはセキュリティの意識が足りない……」

そこにたまたまとおりがかった部長が、ぼそっとひと言。

「あ、それ、セキュリティ対策としてはあまり意味ないよ……」

彼はIT企業から転職してきた、セキュリティの専門家。うぅむ。いままでのめんどうくさい作業はいったいなんだったのだろう……。

添付ファイルの、「zipファイル圧縮とパスワード付与」および「パスワード別送」。もはやビジネスマナーのような捉えられ方をしてはびこっていますが、最近は「セキュリティ対策になっていない」との指摘もされ始めています。

そもそも、圧縮したファイルも、パスワードも同じネットワーク上でやりとりします。すなわち、通信を盗聴されてしまえば、すぐさま見破られてしまうのです。まるで、通帳と印鑑を、同じところに保管しているようなもの。なかには、秘匿性のかけらもない情報までご丁寧にzipファイルにして、パスワードつきで送ってくださる企業もあります。苦労して開いたのに、中身はイベント会場への案内図が一枚入っているだけ。「これ、パスワードをかける必要ないですよね?」と突っ込みたくもなります。

パスワードつきzipファイル問題のみならず、私たちの身の回りには、多くの「ただめんどうくさいだけ」の慣習がたくさんあります。それらは、私たちの貴重な時間も集中力も、悪気なく奪い続ける。「働き方改革」「生産性向上」「ワークライフバランス」がうたわれている時代、こうした無意味でややこしいマナーや慣習こそ、見直していきたいものです。シンプルイズベスト。本質を捉え、シンプルにいきましょう。

読みどころ

これは、このごろ様の事なり。いとにくし。

訳 これは最近だけのやり方だ。とても憎らしい。

解説

作法は不思議なもので、だれかが何となく始めたことが、大昔からの常識のように定着することがあります。和歌の世界でも、平安時代の終わりの歌人・藤原顕季が突然始めた「歌会では、人麿影供（歌聖・柿本人麻呂の絵）を飾る」が、江戸時代まで歌会の作法として定着していました。

国語講師の私は、研修などで敬語やビジネス言葉遣いを指導する機会も多いのですが、年々「謎作法」が生まれていることに閉口せざるをえません。

・目上に「ご苦労様です」は無礼だ
・「さすがですね」と言ってはいけない
・「なるほど」という相槌は失礼だ

などは、ここ十数年で広まった新マナーです。国語の観点からは、特にそういうことはありません。

言葉遣いで気をつけるのは、シンプルに「相手への敬意を持つ」「尊敬語・謙譲語・丁寧語の原則を押さえる」の二点だけでいいと思います。

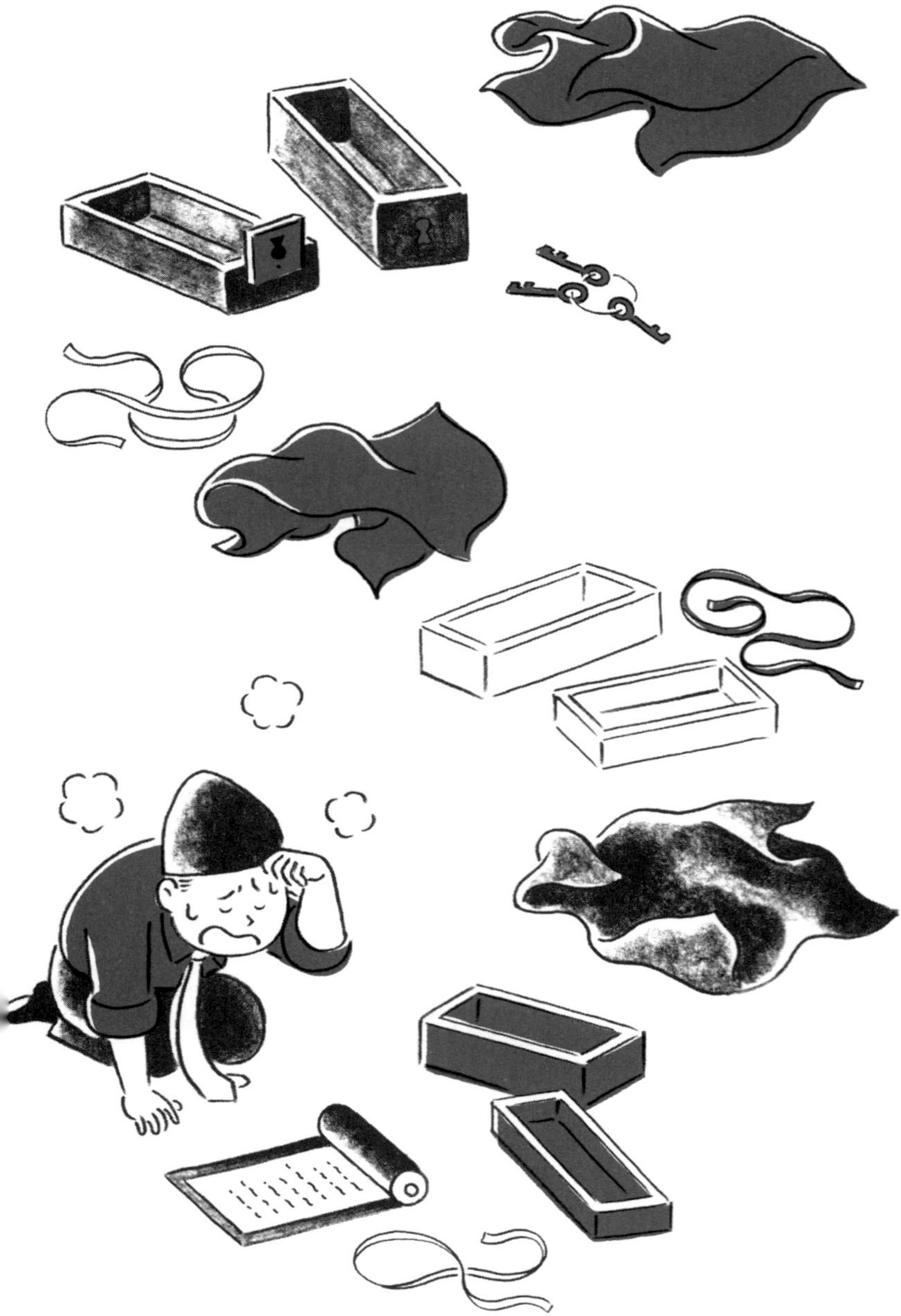

過剰に見栄えにこだわって、いったい「だれトク」ですか？～第二二一段　建治・弘安の比は、祭の日の放免の付物に

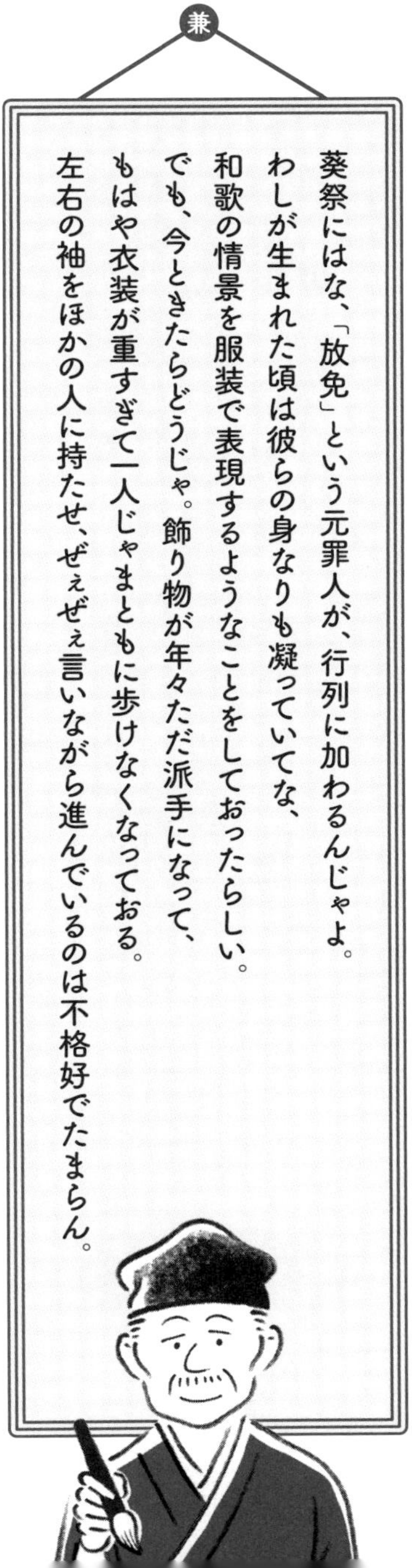
兼
葵祭にはな、「放免」という元罪人が、行列に加わるんじゃよ。
わしが生まれた頃は彼らの身なりも凝っていてな、
和歌の情景を服装で表現するようなことをしておったらしい。
でも、今ときたらどうじゃ。飾り物が年々ただ派手になって、
もはや衣装が重すぎて一人じゃまともに歩けなくなっておる。
左右の袖をほかの人に持たせ、ぜぇぜぇ言いながら進んでいるのは不格好でたまらん。

当世とほぼ徒然話

郊外のベッドタウンに住むAさん。今日も「満員以上快適未満」の電車に乗り込んで、都内のオフィスに通勤します。ふと横を見ると、ご近所のBさんの顔。たしかBさんは地元の

事業所に自転車通勤していたはず。しかも、いつもポロシャツにチノパン姿なのに、今日は、スーツにネクタイでキメている。

「あれ、Bさんめずらしい。今日はご出張ですか？」

「それが、事業所が新社屋に移転しまして。今日から丸の内勤務なんです」

「丸の内ビジネスマンですか！　かっこいいじゃないですか！」

その瞬間、列車が大きく揺れる。よろけるBさん。無理もない、満員電車に乗り慣れていないのだから。

「いやぁ、社員からは不評ですよ。毎朝この通勤ラッシュですから。朝のビルのエレベーターの待ち時間も半端ないと聞いていて、ブルーです」

Bさんは「丸の内」のオシャレな響きとはほど遠い、憂鬱な心の内を明かします。

「それにしても、この暑さナントカならないですかね。これじゃ、出社するだけでヘトヘトですよ……」

折しも、その日は十月一日。会社が指定している、クールビズの期間は昨日で終了。スーツ&ネクタイで出社しなければならない。この日の気温は三十三度。季節はずれの台風一過で、真夏の猛暑がぶり返したという。みんな死にそうな表情で通勤電車に揺られるこの景色。これが、先進国とは思えない……。

「ウチもついに、丸の内のオフィスビルの高層階が本社や。かっこいいやろ！　社員も幸せやろ！」

経営層はドヤ顔で自慢げに語っていても、社員は喜んでいるかと言うと、必ずしもそうではありません。

「通勤の負担が増えた。勘弁してほしい」
「朝、昼、帰りの、高層ビルのエレベーターの待ち時間がものすごいストレス」
「ランチがつらい。お店は混むわ、値段は高いわで、昼休みのプライベート時間も減って、金銭面の負担も増えた」
「むしろ、テレワーク／リモートワークをさせてください」

「朝のラッシュが酷い分、せめて服装は自由にさせてほしい」
「自転車を置くところがない。移動の自由を返せ！」

出るわ出るわ、嘆きの声の数々。都心のオシャレなオフィスの高層階で、キレイなスーツで仕事する。それが幸せだと思っているのは、ひょっとしたら経営陣だけかもしれませんよ。

読みどころ

このごろは付物、年を送りて過差《かさ》ことのほかになりて、万の重き物を多く付けて、左右の袖を人に持たせて、自らは鉾をだに持たず、息づき苦しむ有様、いと見苦し。

訳 最近は飾り物も年々派手さが増して、あらゆる重い物を多く身に付けて、左右の袖を他人に持たせ、本人は鉾さえ持たないで、ぜえぜえ苦しむ姿はとても見苦しい。

解説

「昔はよかった。それに比べて今はダメだ」という語り口は、『徒然草』によく出てきます。兼好は、いわゆる「懐古厨」的な側面があるといえます(笑)。このスタンスは「尚古主義」とも呼ばれ、昔の文物・思想などを理想的な模範とし、それに倣おうとする考え方です。じつは、中国古典の『論語』でもベースになっている姿勢です。『論語』は紀元前五〇〇年頃の思想家・孔子の言動をまとめた本ですから、今から二五〇〇年前にすでに「昔はよかった」と語られていることに驚きます。

やたらと「懐古厨」になるのは考え物ですが、変化が目まぐるしく、新しいものが持てはやされる今日だからこそ、昔のいいものと比較するというフィルターを持つ。すなわち、温故知新の姿勢を持つことが重要ではないでしょうか。

第4章

プロセスマネジメント

バックアップに甘えるべからず
～第九十二段　或人、弓射る事を習ふに

弓の初心者が的に向かうのに、二本の矢を持った。師匠はそれを見逃さず、注意した。

「初心者は二つの矢を持つな。二本目をあてにして、一本目がいい加減になる。この一本限りで決める、ときちんと集中しなさい」

本人が自覚せずとも、その油断、師匠には見抜かれておるのじゃ。

当世とほほ徒然話

「なぜ、こんなミスをしたのかわからない。二人がかりでダブルチェックしていたのに……」

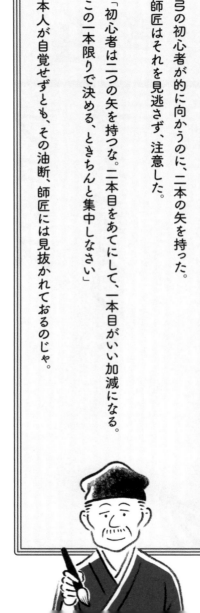

倉庫の検品作業、事務所での申請書のチェック作業、あるいは機械の操作。チェックリストを作った、それを見ながら二人あるいは三人体制で、作業手順や結果を指さし確認した。にもかかわらず、見落としや作業ミスが起こってしまった。とどろく管理者の怒号。流れる気まずい空気……。筆者もまた、ＩＴ企業のシステム運用の現場に勤務していて、過去に何度かそのようなシーンに遭遇したことがあります。二人も三人もいるのに、だれも見落としやまちがいに気がつかなかった。

原因分析をすると、「慣れ」や「他人への依存」が悪さをしているケースが目立ちます。

「いままで、何も問題なく作業できていた。だから、今回も適当にやっても大丈夫だろう」そのような慣れがあだになり、思わぬミスを誘発した。

「二人か三人いれば、だれかがカバーしてくれるだろう」その状況に全員が安心しきって、結果、仕事がいい加減になる。

うまくないですね。組織として万全の品質で仕事を進めるために、手順書やマニュアルはしっかりと作っておきたいもの。また、ダブルチェック、トリプルチェックなどのバックアップ体制も大事。だからといって、一つ一つの作業をおろそかにしうる環境は、それはそれで問題です。

・育成に時間やお金をかけ、個々人の能力を向上させる
・作業者の注意力が散漫にならないような環境を整える
・自動化できるところは、自動化する

バックアップは、あくまでバックアップ。プロとして、一発で矢を的に命中させられる環境を作っていきたいものです。

読みどころ

初心の人、二つの矢を持つ事なかれ。後《のち》の矢を頼みて、はじめの矢に等閑《なほざり》の心あり。

訳 初心者は二つの矢を持ってはいけない。二本目の矢をあてにして、一本目の矢をいい加減にする気持ちが生じる。

解説

塾講師として生徒を観察していると、受験に臨むスタンスには、大きく二つのタイプがあります。

一つは「リスクマネジメント」型。第一志望の大学だけでなく、それよりもやさしい大学を複数組み合わせて、確実に合格を得られるよう、受験プランを組む方法です。この方法は堅実ですが、甘えや逃げの心が生まれ、集中力がそがれてしまうことがあります。

もう一つは「背水の陣」型。そもそも「背水の陣」とは、後ろに川があるところに陣を構え、逃げられない状態に自分たちを追い込んで戦うこと。大学受験でも、「第一志望以外は受けない」と退路を断つ受験プランを組む場合があります。これが本段の「一本の矢」タイプです。プレッシャーはかかりますが、緊張感が力を引き出してくれます。

みなにとって「背水の陣」が最善、とは限りません。一回きりに絞ったことで、精神的に不安定になる人もいます。ケースバイケースです。仕事の場合も「自分に」「部下に」「この状況に」どのアプローチが合うのかを具体的に見極めましょう。

だれだってミスはするさ、人間だもの

～第一〇九段　高名の木登りといひしをのこ

木登りの名人が、高い木の枝を切る人にあれこれ指図しておった。
危なそうな木の上では何も声をかけず、木から下りる時に、
軒先くらいの高さまで来てから注意を呼びかけたんじゃよ。言われた側は
「こんな低いところまで来れば、大丈夫なのに……」と不服そうにしておったが、
名人曰く「危ないうちは本人も十分に警戒しているから、指摘しなくていいんです。
失敗というものは、必ず安全なところになって起きるのです」と。
じつに深い教えじゃのう。

当世とほぼ徒然話

朝イチの会議室。なんだか朝から物々しい雰囲気に包まれています。スーツとネクタイをした、本社のお偉いさんが険しい表情で行ったり来たり。どうやら、システム運用現場の担

当者がオペレーションミスをして、大規模なシステムトラブルが発生したとか。その原因分析と、対策検討の会議がおこなわれる様子です。

「なんで、こんなミスをしたんだ！」

つるし上げられる担当者。ミスが起こった原因の数々がホワイトボードに書き出されるものの、「注意力が足りない」だの「スキル不足」だの、人に起因するものばかり。その多くは、現場の担当者ではなく、本社の人たちの想像だけで書き連ねられたもの。そもそも、今回ミスをしたのは十五年目のベテラン技術者。注意力もスキルも、十分にある。なんとも現実感がない。三時間ものつるし上げの議論の末、打ち出された解決策は……

「すべての作業のチェックリストを作り、ダブルチェックを徹底するように！」

ううむ。これが本当に再発防止になるのだろうか……

業務品質の向上。ミスの撲滅。どの組織にとっても、悩ましい課題であり、永遠のテーマでしょう。人がやる以上、オペレーションミスを完全に防ぐことはできません。どんなに熟練したベテランであっても、ささいな不注意が原因でミスをすることはあります。だって、人間だもの。

にもかかわらず、ミスの原因分析の会議では、人のスキルや、メンタリティに起因するもののしか洗い出されない組織を、大変よく見かけます。出てきた再発防止策も、人の気合と根性に依存するもの、あるいはいたずらに現場のモチベーションを下げるものばかり。それでは、いつまでたってもミスも減らせなければ、モチベーションも上がりません。

いい感じの組織は、環境や仕事のやり方、あるいはプロセスそのものを疑います。

「そもそも、作業環境に問題があるのではないか？」
「作業者の集中力をそぐやり方になっていないか？」
「この判断は自動化すれば、ヒューマンエラーの入る余地はなくなるのでは？」

人のせいにしてしまうのは、ある意味ラクです。しかし、それではいつまでたっても、人も組織も成長しません。

細かいルールを作りすぎてしまうと、担当者は考えなくなります。何かしらの外部環境の変化があった時、いままで想定しなかったミスが生まれます。つまり、変化に弱い組織にしてしまいます。細かく指示しすぎると、プロとしての誇りが傷つけられ、モチベーションが下がり、やがてその仕事に対するやりがいも、プロ意識もなくなっていってしまいます。だって、人間だもの。「人のプロフェッショナリティに任せる部分」と「人の弱みを仕掛けで守る部分」。この二つを見極め、うまくカバーしていきたいものです。

そうそう、人間ゆえの弱みに向き合い、仕組みでもってナントカすること。それを何というかご存知ですか？「マネジメント」っていうんですよ。

読みどころ

過ちは易き所になりて、必ず仕ることに候ふ。

訳 失敗は必ず安全なところになって起きるのです。

解説

最近、有名人のSNSでの誤爆、失言のトラブルが頻発しています。記者会見のようなあらたまった場面ではだれもが気を張ってきちんとしようとするのに対して、SNSは緊張せず気軽に投稿できるからでしょう。「油断大敵」です。本段の「木登りの名人」は、名人だけあって、油断大敵をよく理解しています。

この「油断大敵」、語源は諸説ありますが、一説に、比叡山延暦寺の法灯が由来といわれています。開祖の最澄が灯して以来、灯され続けている火です。この「油」が「断」たれないよう注意しなくてはならない、という教えが「油断大敵」なわけです。「まぁ、大丈夫だろ」と油断した瞬間に、一二〇〇年の火が消えてしまうわけですから、責任重大です。

「チームで仕事ができる」ことがプロたるゆえん

～第一八七段　よろずの道の人

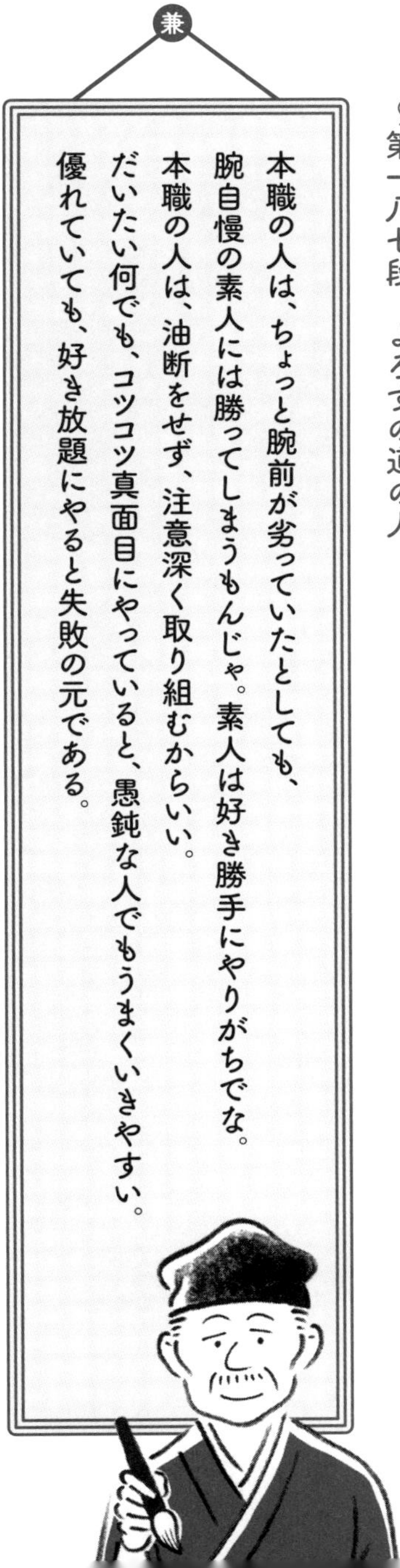
兼
本職の人は、ちょっと腕前が劣っていたとしても、腕自慢の素人には勝ってしまうもんじゃ。素人は好き勝手にやりがちでな。

本職の人は、油断をせず、注意深く取り組むからいい。

だいたい何でも、コツコツ真面目にやっていると、愚鈍な人でもうまくいきやすい。

優れていても、好き放題にやると失敗の元である。

当世とほほ徒然話

「Aさん、腕は確かなんです。技術レベルは半端ない……」

とある企業の営業部門。最近では、インターネットを使ったマーケティングやブランディングに力を入れている。この日は、Webを使った新しいプロモーションの仕組みを構築するための企画会議。Ｗｅｂエンジニアとして、だれに参画してもらうか、部課長陣で議論中。候補に挙がっているのは、ＡさんとＢさんの二人。

「でもね、なんていいましょうか。Ａさんのやり方は我流なんですよ。だから、うまくいくときとそうでない時の差が激しい。ほかの人を教育してやり方を共有できるかも不安です。さらに……」

発言者の課長は、顔を曇らせる。

「Ａさんは、気分にもムラがあるんですよ。前日遅くまで飲んでいて、翌朝来ないこともありますし……。ちょっと不安ですね」

一方Ｂさんは、Ａさんほどの技術力はないものの、丁寧にものごとをすすめ、フレームワーク（枠組み）に沿って作業して、進捗報告もしてくれているという。手順書もそろえているので、何かあったときにほかの人への引き継ぎも安心だ。勤務態度もいい。

「やっぱり、ここはＢさんにお願いしましょうかね」

課長に意を唱える人はだれもいなかった。

「プロフェッショナルとは？」

どんな領域においても、プロとそうでない人が存在します。はたして、その境目はどこにあるのでしょう？　技術力が高ければ「プロである」といえるのでしょうか？

プロとして一目置かれている人は、以下の三つを意識して行動しています。

- **何かしら基本の「型」を押さえ、その上で個性を発揮している**
- **最高のパフォーマンスが出せる環境を、自ら整えている**
- **ふるまいも大切にする**

基本の「型」。たとえば、業界標準のフレームワーク（枠組み）や共通の仕事の進め方。それらを押さえないことには、仕事が属人化します。ほかのプロと会話がかみあわず、協働作業や育成もおぼつきません。進捗管理も不安。一人で進める仕事、かつ一過性の「やっつけ仕事」ならば、我流のやり方で進めても問題ないかもしれません。しかし、チームで進める仕事であったり、ある程度息の長い仕事であったらどうでしょう?　共有可能な形で仕事を進めることができることは、プロとしての必須要件といえます。

プロは、自分自身が最高のパフォーマンスを発揮できるよう、環境を自らセットアップしています。自分のモチベーションが上がり、自分が気分よく仕事でき、そして相手に最高の価値を提供できるよう整えています。そのための周囲への働きかけも怠りません。

そして、ふるまい。丁寧すぎる必要はありませんが、自分も相手も清清しく行動できるようなふるまいをしている人は好感が持てます。ともすれば、ふるまいで自分の価値を減じてしまう〝自称プロ〟を見かけます。相手を低く見るような発言をしたり、約束を守らなかったり。それは、技術そのもののイメージを悪くしてしまいかねません。一方、技術力は低くても、チームを意識して行動できる人は、まわりから信頼され、技術そのものに対する好感度も自然と高めることができています。

読みどころ

大方の振舞、心づかひも、おろかにしてつつしめるは、得の本なり。たくみにしてほしきままなるは、失の本なり。

訳

だいたいのふるまいや心配りに関しても、愚鈍でも慎重にやっていると、うまくいきやすい。優れていても好き放題にやると、失敗の元である。

解説

私は大学受験塾で教えています。「予備校講師」というと、アクの強い、自由な人たちが多いイメージをお持ちの方もいるかもしれませんが、それも時代とともに変わりつつあります。単に授業を提供するだけでなく、自習環境の提供や進路指導、推薦入試のエントリーシート作成の手伝いなども含め、総合的なサポート体制でめんどうを見る指導が一般的になったからです。組織として生徒を支える際、必要になってくるのが安定性やチームワークです。

突然、授業を飛ばすようなムラは当然NG。講義がわかりやすいことに加え、他教科の講師や事務局のスタッフと、十分な情報共有ができるのが「いい先生」の条件です。どんなに生徒に人気があっても、ハラスメント的な発言をするような先生はリスクでしかなく、ご退場いただかなくてはなりません。

「自分には実力があるんだ」「講座を定員越えにしてきたんだ」とふんぞり返って、時代に合わせて変わることのできなかった先生は、有名な予備校での講師経験者でも、転職・再就職に苦労されているようです。社会人のキホンが、どんな業界でも求められる時代になりました。

計画は生き物、不確実性と向き合おう

～第一八九段　今日は、その事をなさんと思へど

兼

「今日はこれをやろう！」と意気込んでおっても、それ以外の急用が出てきて、それに追われているうちに一日が終わってしまうもんじゃ。待っている相手は来ないのに、約束もしていない人が来る。あてにしていたことはうまくいかず、意外なことばかり叶う。計画どおりにはいかないもんじゃ。それは一日も、一年も、そして、一生も同じこと。「予定どおりにいかない」とだけ思っておけば、まちがいはない。

当世とほぼ徒然話

「今日は、提案資料を完成させる！　やるぞ！」

そう意気込んだあなた。しかし、いざオフィスに出社すると罠がいっぱい。

朝から代表電話が鳴りまくる。ううん、勘弁してもらいたい。資料作成に集中したいので、だれか出てほしいな。やっぱり、だれも出ない。仕方ない、出るか。……なんだ、まちがい電話か。

ええと、これから何を書こうとしていたんだっけ？　思い出せないや……

そうそう、思い出した！　技術のトレンドについて書こうと思っていたんだ。よし！

「ちょっと、いい？　至急でお願いしたい仕事があるんだけれど」

課長が優しく邪魔をする。ええ、またですか？　この課長、いつも至急の案件ばかりで疲れるんですけれど……。はいはい、わかりました。やりましょう。

ふう、やっと終わった。と思ったら、今度は部長が向こうの応接室から手招きしている。

「設計部と会議しているんだけれど、あなたにも一応出ておいてほしいと思って」

〝一応〟って何ですか？　出番がなさそうなら、作業に集中させてほしいんですけれど。

……まあ、とりあえず、参加するしかないか。

ああ、ようやく解放された。結局、自分がいる意味のまったくない会議だった。せめて、ノートパソコンを持ち込んで、内職で作業を進めればよかった……。おっと、またまた課長がニヤニヤ顔で近づいてくる。危険だ……。

「提案の資料、できた？」

できてるわけないじゃないですか！　冗談も休み休み言ってください！

・電話対応、問い合わせやクレーム対応
・突発案件、飛び込みの仕事
・突然の来客
・いきなりの会議召集

さまざまな邪魔者が、私たちの本来の業務の手を止めさせて、悪気なく集中力と時間を奪います。気がつけば、計画した仕事がまったく進んでいない！

しかし、残念ながら仕事とはそういうものです。不確実性にどう向き合って、どう対応するか？　ここにマネジメントの本質があります。仕事をマネジメントするためのポイントを、三つ紹介しましょう。

(1) 仕事を見える化して共有する

あなたが持っている仕事を書き出して、相手に見えるようにする。仕事をマネジメントできる人は、率先して自分の持っている仕事や、繁忙状況を見せています。もともと持っていた仕事、突発の仕事、これらをたとえばふせんに書き出して、自分のデスクの横の壁に貼り出す。それだけで、どれだけの仕事を抱えているのか、視覚的に説明しやすくなります。全体像が見えます。また、上司や同僚から仕事を頼まれた時、その場でやる／やらないや、優先度をいっしょに判断しやすくなります。

相手は、あなたの仕事の状況がわからず、悪気なく突発の仕事を依頼したり、会議の参加を促したりします。そして、悪気なく「え、あの仕事まだ終わっていないの?」とがっかりします。

(2) バッファ(余裕しろ)を積む

組織で仕事をしている以上、どうしても突発の案件や飛び込みは発生します。突発ゼロ、飛び込みゼロで計画を組むのは、楽観的すぎるでしょう。

「必ず邪魔は入る」「計画は変わるもの」

この割り切りで、あらかじめスケジュールにバッファ（余裕しろ）を組み込んでおく。これも大事なマネジメントです。

（3）集中できる環境を作る

邪魔者が入らない環境を作る。それだけでも、不要不急な声がけや、打ち合わせに巻き込まれるリスクを回避できます。

- **朝早くに出社する**
- **別室に篭もる**
- **自宅やカフェでリモートワークする**

私は、執筆に集中したい時、ダム際でクルマに篭もって、もくもくと作業することがよくあります。大好きなダムと自然を目の前にリラックスして、人目も少なく仕事に集中できます。携帯電話の電波がつながりにくいため、電話による割り込みもありません。イラっとしたメールが来ても、森の中で深呼吸。ココロ穏やかに対応できます。すなわち、アンガーマネジメント（怒りの感情と向き合う行動）ができます。

また、ＩＴ業界には仕事をマネジメントするためのフレームワーク（枠組み）があります。

- **プロジェクトマネジメント**
- **インシデント管理**
- **変更管理**

これらを学習して実践するだけでも、あなたの職場のあたふた景色を変えることができるでしょう（私が書いた『仕事の問題地図』『業務デザインの発想法』なども参考にしてください）。

計画は生き物です。不確実であり、時に変更や軌道修正をしながら進めていく必要があります。そして、マネジメントとは「不確実性に向き合ってやりくりする取り組み」と言っても過言ではありません。マネジメントをしましょう。

読みどころ

待つ人は障りありて、頼めぬ人は来たり。

訳 待つ人は差し障りがあって来ず、約束していない人は来る。

解説

百人一首に、「契りおきしさせもが露を命にてあはれ今年の秋も去ぬめり」(藤原基俊、七五番)という歌があります。これは、基俊が太政大臣・藤原忠通に送った歌です。かねて、息子の光覚(興福寺の僧侶)を維摩講の講師にしてくれと頼んでいたのに、それが今年も叶わず、そのことを恨む歌なのです。「ねぇ! 約束したじゃないですか!」と。昨今、新入社員の会社でのあれこれに親が出てくる、というモンスターペアレンツが話題ですが、九〇〇年前も親バカは変わらないわけですね。

自分ではどうしようもないことに、ボヤいたりゴネたりしてすごすのは非生産的。実

際、光覚がその後に出世したという話もありません。うまく生きるには、

①思いどおりにいかない部分は、潔く割り切ること

②コントロールできる範囲を、最大限に活かすこと

ですね。

目先のことに追われていては大事なことが成し遂げられない

～第二四一段　望月のまどかなる事は

月って不思議じゃ。一晩のうちに欠けていくようには見えんのに、気づけば、満月が細い月になっておるからな。人生だって同じじゃぞ。日ごろは気づかんが、人は刻々と死に近づいておる。だいたいは重い病に伏せってはじめて、「あ！　あれをまだやっていない」と焦り出すんじゃな。後々のことを考えれば、仏道修行に励むべきなのに、結局、人は「これをやってから」「あれを叶えてから」と囚われて動けんのじゃ。

当世とほぼ徒然話

自席のパソコンに向かい、朝から仕事の手順書をせっせと作るCさん。几帳面な性格で、ちょっとした空き時間ができるとこうしてマニュアルを作ったり、書類棚を整理したりと、みんなが働きやすいよう手を動かしています。

そこにとおりがかったB課長。Cさんに何気なく声をかけます。

「Cさん、今いったい何をしているの？」

B課長は営業担当。Cさんとはまるで正反対の性格で、後先考えず突き進むタイプです。

「はい、先週発売開始になった、新商品の在庫管理方法を手順書にしてまとめています。これをやっておかないと、棚卸しや監査の時に、絶対に慌てますから……」

その瞬間、顔を曇らすCさん。けげんな表情で反論します。

「……それ、いまやらなくちゃダメ？　棚卸しの時にナントカすればいいんじゃない？　監査対応だってそう。言われたらやればイイでしょ」

今までだって、それでナントカなってたんだ——Cさんは念を押します。いや、あなたが知らないだけで、今までも毎回てんやわんやで現場は阿鼻叫喚だったのですけれど……。それに、記憶が新鮮なうちに手順書にしておいたほうが、後になって思い出す手間も省けるのですが。

「そんなことより、とりあえずこの新商品を今月いかにして売りきるか。それだけ考えて行動してよ。本部長が大量に仕入れちゃって、大変なんだから。営業は、売ってナンボだよ」

しぶしぶ立ち上がり、B課長の後に続くCさん。この会社、大丈夫かしら……。

「時間ができたら取り組もう」「いつかやらなくては……」と思っている仕事。頭ではそうわかっているものの、だれもなかなか取り組まない。私は日々、全国の企業・自治体・官公庁を渡り歩き、さまざまな職場の業務改善や組織活性のお手伝いをしていますが、そこで直面する「お悩み」がまさにこれ。

- **仕事を棚卸しして、無駄な仕事の改善や削減を検討したい**
- **アナログな業務をIT化したい**

・いつもトラブルを引き起こす、問題の根本原因を特定して解決に取り組みたい
・属人化している仕事の手順書やマニュアルを作成したい
・書類の整理整頓をしなくては
・倉庫を片づけなくては
・若手を育成する時間をとりたい
・最新の技術やマーケットトレンドの情報をインプットしたい
・新しい仕事にチャレンジしたい

これらは、「今すぐやらなくても困らないけれど、やらないと後々困る」「きちんと取り組めば、将来的に組織や業務の質が向上する」仕事の代表例です。

仕事の優先度を、重要度と緊急度で分類する方法があります。重要度と緊急度のかけ算で、その仕事の優先度を判定する考え方です。目先の売上をあげる、いわば「重要度：高、緊急度：高」の仕事。これは人の意識にも留まりやすく、言われなくても取り組まれます。一方で、仕事の棚卸しや手順書作成のような仕事。これらは、「重要度：高、緊急度：低」の仕事です。人の危機感を煽りにくく、地味であるがゆえにないがしろにもされがち。しかし、このような仕事に意志を持って取り組んでいるか？　仕組みや役割を決めてきちんと回るように組織設計しているか？　そこが、その組織のマネジメントの質を大きく左右します。

目先の目立つ仕事だけをやるなら、小学生でもできます。

即の成果が見えにくい、「重要度：高、緊急度：低」の仕事を評価する。

マネジメントができているとは、そういうことです。いま、私たちはマネジメントの質が試されています。

読みどころ

所願を成《じょう》じて後、暇《いとま》ありて道に向はんとせば、所願尽くべからず。

訳 願いを叶えた後、時間ができてから仏道に取り組もうとしていたら結局、願いにけりがつくことがない。

解説

兼好が『徒然草』の中で繰り返し説くのが、「死を意識することで人生が変わる」という教えです。どうあがいても不可逆な、自分自身の「死」というものを見据えた時、自分にとって本当に大事なことが見えてくるからでしょう。実際、老いや病、天災などの経験は、人の感性を研ぎ澄まし、優先順位づけを見直させます。夏目漱石も「修善寺の大患」と呼ばれる大病の後、人生観が変わったといわれています。谷崎潤一郎も、関東大震災で被災した前後で、作風が大きく変わりました。

また、一休宗純（いわゆる〝一休さん〟）は、「門松は冥土の旅の一里塚」と詠みました。正月が来たということは、年を重ね、死にまた一歩近づいた証ではないか、と皮肉ったのです。さらには、人のどくろを掲げて京都の街を練り歩いたといいます。これ自体は何とも迷惑な話ですが、私たちも誕生日を迎えるたびに自分の優先順位を考えることが、有意義に生きる第一歩なのでしょう。

第5章

意思決定

とっとと決めよう
～第五十九段　大事を思ひたたん人は

兼

何かやろうと思ったら、それ以外は潔く全部捨てるべきじゃ。「大丈夫かな」とか「キリが悪い」とか言っとったら、いつまで経っても何もできんぞ。人間の命は限られとる。死は火事のように迫ってくるのじゃぞ。火から一心不乱に逃げるような態度で、人生にも臨まんといかん。親子の情とか上司の恩とか、そういうしがらみも時には捨てる必要があるんじゃ。

当世とほほ徒然話

「働き方をよくするための、改善提案をしてくれ」

経営層から社員にお達しが下った。問題意識と改善意欲の高いAさん。これはチャンス！日々、無理・無駄・「これなんのためにやっているんですか？」と思っていた業務が多く、ここぞとばかりに提案しようと意気込みます。ITのクラウドサービスを使った、事務作業の削減と自動化。ソリューションの詳細も、他社事例も仕入れた。よし、準備は万端！　と思うも……

「そんなことより、目先の仕事に集中してくれないかな？」

「頼むから、大人しくしていてくれないか？」

課長と部長から、まさかのブロック！　一週間かけて説得して、なんとかクリア。これで堂々と役員に改善の提案ができると思ったのも束の間……

「経営企画部です。事前に提案内容をレビューします」

次なるトラップが！　どうでもいい「てにをは」の指摘と差し戻し。そして、提案資料で指摘した現場のリアルな課題や問題点が、次から次に教科書的な美辞麗句に置き換えられていく。まあ、いいさ。肝心の提案内容さえ役員に伝えられれば。そして、ようやく迎えた役員提案の日。熱くプレゼンテーションをするも……

「僕達にわかるように、説明し直してもらえるかな？」

「他社事例を説明してくれるのはいいんだけれど、他業界だよね。当社と同じ業界の事例じゃないとなぁ……」

「当社に前例のない取り組みだから、すぐにウンとは言えないな」

「クラウドサービス？　セキュリティが不安だよね」

「ウチのやり方は、特殊だからねぇ……」

役員たちからは、ネガティブなコメントの嵐。そこで持ち時間終了。

「採否は、三ヶ月以内に検討して回答します」

さ、三ヶ月!?　あまりにも長すぎる検討時間。他社はとっとと決定して、さっさと効果を出しているというのに。

「四の五の言わずに、とっとと決めてくれ！　あんたたち、決めるのが仕事でしょ!?」

Aさんは、心の叫びを押し殺して自席に戻ります。途中経過の連絡もなにもなく、すぎること三ヶ月。ようやく経営企画部から回答が届きました。

「あなたの提案が採用されました。つきましては、詳細検討をいたしたく、来月にいま一度提案をお願いします」

そのメールを、虚ろな表情で見つめるAさん。

「もう、とっくにやる気を失ってしまったんですけれど。そもそも、私、来月はここの社員ではありません……」

Aさんは袖机の引き出しをそっと開き、スタートアップ企業の内定通知書を確認しました。

意思決定の遅さ。熱量がある人のモチベーションを、悪気なく下げます。組織をよくしたい、仕事をよくしたい——そんな善意のある提案であればこそ、否定せずきちんと受け止める。とっとと決める。この二つは本当に大事です。また、

・部下に権限委譲する

・専門家を置く
・IT化を進めて、意思決定に関わる間接業務（会議の日程や場所の手配）や事務作業（ハンコリレー）を減らす

迅速な意思決定を邪魔するハードルは、どんどん排除しましょう。とりわけ、権限委譲はスピード感のある意思決定の肝。部下や専門家が正しく判断できるようにするには、

・ビジョンやミッション、「大切にしていること」などを伝え、判断に迷わないようにする
・マネジメントに必要な情報を開示する
・情報共有／情報発信をしやすい仕組みを整える

このようなコミュニケーションマネジメントも大事です。

権限委譲をする。裏を返せば、現場や部下を信頼できる仕組みを整える所作です。人は、自分を信頼してくれる相手を信頼するようになるもの。権限委譲は、経営と現場、上司と部下の信頼関係の、再構築の取り組みでもあるのです。

読みどころ

大事を思ひたたむ人は、去り難く、心に掛からんことの本意を遂げずして、さながら捨つべきなり。

訳 重要な決断をしたら、離れがたく気にかかるようなこともやり終えず、そっくりそのまま捨てなさい。

解説

平安時代や鎌倉時代の人々はみな、出家願望を持っていました。出家して仏道修行に専念、功徳を積み重ねて、死後に極楽往生したいと思っていたからです。とはいえ、なかなか出家に踏み切れる人はいません。どうしても家族や恋人、仕事が気にかかってしまうからです。こういう出家の妨げを、「絆《ほだし》」と呼んでいます。キズナがあると、情にほだされて決意が鈍ってしまうわけです。

現代の私たちも、スピーディな決断や実行ができない時、「絆」が原因になっていないでしょうか。大局的に見て「この企画はもう諦めたほうがいい」と考えていても、「でも、担当の○○さん、ここまでがんばってきてるしな……」と情にほだされて、ずるずる続けてしまうこと、ありませんか。

老いてきて、あるいは病を患ってから後悔しないために、「絆」との関係はほどほどに。

噂を信じちゃいけないよ
～第七十三段 世に伝ふる事、まことはあいなきにや

兼

事実をそのまま語るのはおもしろくないからかの、
だいたい世間に流布している話は嘘だ。みんな、好きに話を盛るからのう。
噂に聞くのと自分の目で見るのでは、本当に天と地の差である。
嘘はどこにでも転がっている、と意識していれば、だまされることもあるまい。
「あぁ、嘘だろうなぁ」と思いつつも、ことを荒立てまいと聞き流していると、
その嘘の証人にされていることもあるから、気ぃつけんといかんな。

当世とほぼ徒然話

「大変です。ニュースです！」

主任のAさん。朝から血相を変えて、部長と課長となにやら話している。聞けば、取引先のN社が、業界最大手のS社に買収されるという。N社は、当社の主要取引先の一つ。これ

は一大事だ。大幅な組織変更や、人事刷新もおこなわれるはず。いま、N社と進んでいるプロジェクトにも大きな影響が出るだろう。契約条件や、支払い条件も変わってくるはず。

この話は、瞬く間に社内に広がった。

「N社、S社に買収されたらしいよ」

いつの間にか尾ひれがついて、「買収される」が「買収された」に変わっていった。ところが……

「はぁ？　そんな話は一切ありませんが、いったいどこからお聞きになったんですか？」

N社の営業本部長。鳩が豆鉄砲を食らったような顔でのけぞる。次の瞬間、部長も課長も平謝り。

「ねえAくん、いったいその情報、どこから仕入れたの？」

ハンカチで額の汗を拭き拭き、課長がAさんを問い詰める。慌てて、インターネットでそのニュースを検索するAさん。

「あ、これです。このニュースです」

たどり着いた先は……経済ジャーナリストの個人ブログ。そこにはこう書かれていた。

「S社の今後の事業拡大戦略として、競合他社のM&Aも十分に考えられる」

一個人の単なる見解。さらに日付も四年前。もはやニュースでもなんでもない。日頃から、情報収集に熱心なAさん。通勤中にスマートフォンで眺めていたツイッターのタイムラインにたまたまこの情報が流れてきて、それをうのみにしてしまったとのこと。それにしても、人騒がせな月曜日のひと幕でした。

「噂を信じちゃいけないよ」

有名な歌のフレーズにもありますが、噂話をそのままうのみにして失敗するシーンは、ビジネスの世界でもたびたび見られます。事実無根の噂が広がった結果、取引先や、消費者の行動や、株価に悪影響を及ぼすケースも。こうなると、ただの噂話では済まされません。拡散した本人や、組織の信頼も失われます。

- **一次情報を確認する**
- **信頼できる情報筋を確認して、裏づけを取る**
- **必ず、情報のソース（出典）を確認して明示する**

この三つは、ビジネスを進めるうえでの鉄則といえるでしょう。

一次情報とは、だれにもフィルターされていない、生情報を言います。元データ、自分が目で見て触れた情報、当事者から直接見聞きした情報などです。一次情報でなくとも、出典を示せば、情報が伝わる過程でだれかが信憑性にダウトをかけ、安易な拡散を防げるかもしれません。

いまの世の中、インターネットで情報を入手しやすい時代になりました。それ自体はたいへんいいことですが、信憑性のない情報も、また氾濫しています。

ツイッターなどで流れている情報は、世の中の変化や事実に気づくための、「切り口」「入口」として触れる。

流れてきた情報をうのみにせず、拡散する場合は取り扱いに十分気をつけたいものです。

読みどころ

世に語り伝ふる事、まことはあいなきにや、多くはみな虚言《そらごと》なり。

訳 世間で語り伝えられることは、事実だとつまらないからだろうか、だいたいは嘘である。

解説

『徒然草』が編まれたのは、鎌倉時代の末期中の末期。その直後、鎌倉幕府を倒した後醍醐天皇が建武の新政を始めます。当時話題になったのが、時勢を風刺した「二条河原の落書」です（日本史の教科書で見たことがありませんか？）。

此頃都ニハヤル物

夜討　強盗　にせ綸旨《りんじ》　※綸旨は天皇の命令・意向を記した書類

召人　早馬　虚騒動《そらさわぎ》（後略）

「にせ綸旨」に「虚騒動」、やはりこの時代には、嘘が横行していたようです。この続きにも、「ありもしない戦をでっち上げ、偽りの手柄を吹聴する」なんていう人の例が挙げられています。

こんにちでも時々、有名人の経歴詐称が発覚することがあります。経歴詐称とまではいかずとも、注目を集めるために、少々「盛りすぎた」プロフィールを語る人も見かけます。そんなの、見る目のある人には呆気なく見抜かれてしまうものですが……。

完璧主義も良し悪し
～第八十二段　うすものの表紙は

兼

「布張りの表紙はすぐ傷むからイヤだ」という人がおるが、わしの友人・頓阿は「上下がほつれてきたほうが味わいがある」と返した。センスのいい、自慢の友じゃな。弘融僧都が「物を何もかも統一するのはダサい。不ぞろいのほうがシャレているよ」と言ったのも、けだし名言じゃわい。何事も、完璧な状態はかえってイマイチじゃ。やり残しをそのままにしたほうがおもしろい。余白ある未完成のほうが、その物の寿命が延びるんじゃ。

当世とほぼ徒然話

「部長に、A社との取引の状況やいまいまの商談の進み具合をインプットしておきたい。急ぎ、ポイントをまとめておいてもらえるかな？」

昼休み明け、課長からの突発オーダー。夕方、部長がクライアントのA社を訪問することになったという。移動の時間に、部長がA社の現状や、商談の状況を把握できるよう情報を手渡しておきたいとのことだ。あなたはそれまでやっていた仕事の手を止め、パソコンのテキストファイルを開いてポイントを箇条書きにする。

三〇分後。

「できました！」

A４の紙にプリントアウトして、課長に手渡す。特急作業でまとめた。感謝のひと言でもかけてもらえると思いきや……。

「あのさ、部長に渡す資料だよ。こういうのは、普通、パワーポイントか、せめてワードで作るよね……」

返ってきたのは、まさかのため息。

――ええっ!?　そんな大げさな資料を作る必要あるんですか？　箇条書きの伝言メモレベルで十分でしょう。

あなたの心の声をよそに、課長はおもむろに赤ペンを取り出し、誤字脱字と「てにをは」のチェックを始めます。

――いやいや、一回しか使わない、その場限りの情報にそんなに神経質にならなくても。

「はい、やり直し！　急ぎだって言ったよね。僕に手間かけさせないで」

無愛想に、赤入れまみれのメモ書きを差し戻す課長。

――急ぎだって言うから、スピード優先で簡易にまとめたのですが……。そんなに体裁にこだわりたいなら、あなたが自分でお好きに直せばいいじゃないですか。そのほうがよっぽどスピーディですよ。

そもそも、所詮身内だけでしか使わない社内資料。そこまで気を遣う意味がどこにあるのでしょうか？

生真面目な日本人。何事も、品質に完璧なまでのこだわりを示したがる日本の組織。

・パワーポイントで綺麗な資料に清書してから見せないと相手に失礼
・トラブル報告。事実関係をきちんと確認してから報告しないと失礼
・グローバル会議。文法もボキャブラリーも不完全だから、英語で発言したくない

このような傾向が、少なからずあります。

しかし、過度な完璧主義はいかがなものでしょうか？　一〇〇点の完成度を待っていたら、当然それだけ時間もコストもかかります。語学などのスキルは、一〇〇点なんてそもそも存在しません。自分が一〇〇点の出来だと思っていても、相手は四〇点の評価をするかもしれません。その時、手戻りの幅も時間のロスも、それだけ大きくなります。スピーディに仕事を進める人たちと、そうでない人たちとの差は開く一方。それはそのまま、企業の競争力の差につながります。

・資料作成。手書きベースでまず相手に見せる
・社内資料は、体裁や「てにをは」にこだわらない。手書きでもよしとする
・メールではなくてチャットの情報共有でよしとする
・トラブル報告。「ヒヤリ」「ハット」の発見ベースで、取り急ぎ一報を共有する
・グローバル会議。たどたどしい英語でも、とりあえず発言する

三〇点ベースで、取り急ぎ前に進むくらいの度量とスピードも必要です。度の過ぎた完璧主義、一〇〇点主義は、ビジネスやチャレンジのチャンス、さらには個人の成長機会も奪ってしまいます。

読みどころ

し残したるを、さて打ち置きたるは面白く、生き延ぶるわざなり。

訳 やり残しているのをあえてそのままにしておくのこそおもしろく、未完成のほうがその物の寿命は延びるのである。

解説

中国古典の兵法書『孫子』に、「拙速《せっそく》は巧遅《こうち》に勝る」というフレーズが出てきます。

いくら立派な出来でも遅かったら意味がない、少々拙くても速く仕上がるほうが有意義だ、という意味。日本企業、特に老舗や大手の企業はきっちりしている分、「巧遅」になりがちです。場合によっては「拙速」も重要だ、ということを沢渡さんも語っていますね（「拙速にすぎる」ではダメでしょうが……）。

また、この八十二段は、別の角度でも読むことができます。

・あえて、やり残しをそのままに残す
・不足する状態に、美を見出していく

これらの観点は茶道で有名な「侘び」に通じる美意識です。仕事や人柄も、不足する部分がツッコミどころになり、かえってその人の愛嬌になっていることもあります。高須クリニックの高須克弥さんは、「人は欠損に恋をする」とおっしゃっています。

やらないほうがいいと思うことは、たいてい失敗する

～第九十八段　尊きひじりの言ひ置きける事を書き付けて

『一言芳談』という本にはな、浄土宗の尊い坊さんたちの名言が詰まっとる。

「やろうか悩むことはだいたい、しないほうがよいのだ」

などなど。学ぶことが多いわい。

当世とほぼ徒然話

徳の高い先人が残してくれたメッセージ。

一、するかしないか、迷うようなことは、たいていしないほうがいい。

一、組織の後世の成長を考えるのなら、きちんと社員の成長に投資しよう。

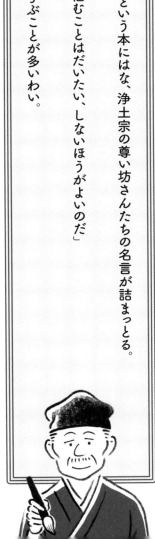

一、第一線を去ったなら、潔く後任に任せる。いつまでも権力やプレゼンスにしがみつくのは、みっともない。

一、経営者は中間管理職の、中間管理職は社員の、社員は協力会社や外部スタッフの目線でものごとを見よう。

一、目先の雑事に追われるべからず。世間のノイズに惑わされるべからず。

とかなんとか。『一言芳談』となる、高僧（尊い僧侶）が残した言葉を集めた書物を兼好が読み、心に残ったメッセージを書き留めた段。現代のマネジメントに通じる含蓄に富んでいます。

直感を大切に。やらないほうがいいと思う選択肢は、たいてい失敗するもの。心の迷いが行動にブレーキをかけてしまい、結果としてうまくいかないことも。

利益をひたすら抱えようとする企業があります。後世の発展を考えるなら、社員の待遇をよくする、育成や成長にお金をかける、労働環境をよくする。そうした投資も欠かせません。会社組織だけが膨れ上がっても意味がない。

社長を引退して会長職になったのに権威を保ち続け、社員は社長のほうを向こうとしない。会長の顔色ばかり伺っている。それでは、会社は成長しません。また、ガバナンスやコンプライアンスのリスクも伴います。

自分と職位や立場の違う人の目線になって考える。立場が違えば、問題意識もホンネも違って当然。悪気なく、自分の目線で相手に価値観を押し付けたり、同調圧力をかけていたりしませんか？　とはいえ、他人の目線でものごとを見るのは難しい。代弁者や第三者（ファシリテーター役）を入れたり、上に立つ人ほどホンネを言って、「言いやすい」空気を作るなどの工夫も大事です。

目先の仕事にただ追われる。それでは、マネジメントができているとはいえません。中長期の、組織の成長を見据えて先手を打つ。投資をする。それこそがマネジメントの役割と捉え、シンプルにいきましょう。

読みどころ

せぬは良きなり。

訳　しないほうがよいのだ。

解説

兼好は、自ら体験したことに加え、人から聞いた話、本で読んだ話なども『徒然草』に加えています。本段もそうです。この『徒然草』には、さまざまな中国・日本の古典が流れ込んでいるのです。逆に、徒然草からも「少しのことにも、先達はあらまほしき事なり」などの名言が広がり、後世、多くの人に影響を与えています。

ただ、好き嫌いはあるようで、同じ夏目漱石の門下生でも、寺田寅彦が『徒然草』の教えを「心の自由を得てはじめて自己を認識することが出来る」（「徒然草の鑑賞」）とまとめる一方、芥川龍之介は「「つれづれ草」などはいまだかつて愛読したことはない。正直な所を白状すれば「つれづれ草」の名高いのもわたしにはほとんど不可解である。中学程度の教科書に便利であることは認めるにもしろ」と述べています。芥川は教訓的なところを嫌ったのでしょうか？（芥川の小説にも、教訓を含む短編があるように思いますが……）

個人的には、徒然草総体を好きにならずとも、拾い読みをしてお気に入りの段が見つかればいいと思います。本段で兼好が『一言芳談』を一部だけメモしているように、自分に響く部分にふせんでも貼って、抜粋した『徒然草』を人生のヒントにすればいいのではないでしょうか。

わからないものを感情的に否定するだけでは先に進めない

～第二〇六段　徳大寺故大臣殿、検非違使の別当の時

藤原公孝殿が、検非違使長官をやっておった時じゃったかの。

下級役人の牛が、急に建物に侵入したという事件が起こった。

長官の席にでーんと横たわってな、ゆうゆうと食べ物を反すうしておったのじゃ。

そこにいた一同は大騒ぎ。重大な異常事態だから陰陽師に占ってもらうべきだ、などと話が大きくなった。

でも、公孝殿は動じず、牛を持ち主に返して、畳を交換させて終わりにした。

それで何か不吉なことが起きたか？　当然、何もなかったわい。

当世とほぼ徒然話

当社の情報システムもだいぶ老朽化してきた。そこで、部内で新システムの導入検討を始

めることになった。いままでは自社でサーバーを立て、自社開発のアプリケーションを動かす、いわゆる「オンプレミス型」で進めていた。しかし、最近では「クラウドサービス」も主流になりつつある。自社でIT資産を持たず、アマゾンやサイボウズなど、ベンダーが提供するITサービスを利用する方式だ。いい機会なので、当社でもクラウド利用に切り替えたい。プロジェクトリーダーは、役員に対して渾身のプレゼンテーションをした。ところが……

「クラウド？　外にデータを預けるんだよね。利用できなくなるリスクがあるでしょ」
「当社には前例がない」
「つい最近も、情報漏えいの事故がニュースになっていたよね。不安だな」
「外に情報が漏れるリスクが一〇〇％ないって、言いきれる？」

役員からは、ネガティブなコメントの嵐。提案は却下され、再検討することになった。

どうやらみなさん、自社でシステムやデータを保有していればセキュリティレベルが高いと思っていらっしゃる様子。そして、ITの世界に一〇〇％を求めていらっしゃるよう……。ううん、残念。

「当社はクラウド利用NGなんです」

企業の担当者からよく聞くフレーズです。社外の人との電子ファイルの共有すらご法度。理由を問えば、決まって「セキュリティが不安」と返ってくる。そのような組織に限って、セキュリティに対する理解が浅く、新しいものをむやみに怖がっているだけだったりします。また、いまいまのセキュリティ対策が甘いことも。

クラウド利用は、銀行の預金にたとえて説明されます。あなたの会社では、お金はどこに保管していますか？　すべて社内の金庫で保管している企業はまれで、おそらくほとんどの会社では、銀行に預けて運用しているでしょう。前者がオンプレミス型、後者がクラウド利用です。情報システムを利用する時、オンプレミス型がいいのか、クラウドサービスを利用するのがいいのか、一概にはいえません。いずれにもメリット／デメリットはあります。しかし、双方のメリット／デメリットを十分に考慮せず、感情的に新しいものを怖がって、否定するのはいかがなものでしょう？　なにより、これからの時代、新しいトレンドや技術を積極的に取り入れていかないと、組織も個人もどんどん時代遅れになり、陳腐化します。

読みどころ

怪しみを見て怪しまざる時は、怪しみかへりて破る。

訳 怪しげなものを見ても、怪しまないで堂々としていれば、むしろ怪しげなことは起こらないものだ。

解説

当時は陰陽五行説によって物事の吉凶を占った職員、「陰陽師」がいました。夢枕獏さんの小説で活躍する、安倍晴明が有名ですね。

『源氏物語』などには、外出時、目的地の方角がよくないとされれば、前夜、方角がよくなる場所に一泊してから目的地に行く、という「方違え」がでてきます。現代人の感覚からすると「うさんくさい迷信だな」「非科学的だな」で終わりでしょうが、科学的知見が乏しかった当時、わからないことはすべて占いに頼るしかなかったのです。何か不気味なこと、変わったことがあれば、逐一占ってもらったわけです。

本段は、そんな当時にあって客観的に物事を見て、冷静に対処することのできた藤原公孝の聡明さが光るエピソードです。

我々は、彼らよりずっと科学の進んだ時代に生きているのですから、変な風習や「何だか怖い」などというフィーリングに縛られずに、行動したいですね。

第6章

スキル・キャリア

下手でもチャレンジする人が美しい

～第三十五段　手のわろき人の

兼

字が下手でも、遠慮せずに堂々と書いている人はいい。「下手だから……」と妙に気にして、ほかの人に代筆させるやつのほうがむしろ気に食わんものだ。

当世とほほ徒然話

大手ＩＴ企業のＣ社。グローバル化によるＭ＆Ａが進み、海外の子会社との会議が増えてきた。今日も深夜からＷｅｂ会議。日本の本社のメンバーはみな、自宅から各自のパソコンにヘッドセットを装着して参加する。部長に課長に二人の主任。三々五々、Ｗｅｂ会議システムにログインし、画面のステータスが「在籍中」に変わる。さあ、いよいよ会議開始だ。

口火を切るのは、いつも若手の主任。会議の目的とタイムテーブルを説明し、一つ一つ議題をさばいていく。ドイツにインドにＵＳＡ。海外のメンバーは、積極的に意見や提案をする。一方で、日本本社の部長と課長ときたら……

終始無言。もはや、いるのかいないのかすらわからないような有様。本社としての意見や決定を求められるシーンになっても、一切発言しない。仕方ナシに、若手の主任二人があたふたして「個人的な見解」を述べ、「持ち帰って検討します」とその場を凌ぐ。結局、何の結論も出ないまま、三〇分オーバーで深夜の国際会議終了。

翌朝。寝不足で疲れた主任二人の座席に、部長と課長がのそのそとやってくる。

「あのさ、昨日の会議だけれど、なんであの場であういう発言したの？」

「そうね。みんなコストの話しかしてなかったけれど、利益の面のメリットも伝えてほしかったな」

まるで他人事のように、部長も課長も涼しい顔で評論してくる。まるで後出しジャンケン。さすがにカチンときた二人。

「そうおっしゃるのでしたら、ご自身で発言なさったらいかがでしょう？　海外のグループ会社のメンバーも、お二人のお言葉やご判断を求めていると思いますよ」

怒りを抑えながら、極力穏やかな口調で反論する。

「あ、いやー。僕たちは、君たちと違って英語ニガテだからさ。無理無理。英語は若い人に任せるよ」

「じゃ、そういうことで！」

不意をつかれた部長と課長。とたんに物腰をやわらげ、逃げるようにしてその場を去っていきましたとさ。

この話、単なる笑い話ではありません。私自身、日本企業で何度か経験しました。英語が得意ではないから、話さない。話したくない。その気持ちも、よくわかります。役職が高ければ高いほど、恥をかきたくない。その結果、沈黙を選ぶ。しかし、考えてもみてください。海外の参加者は、日本の本社のメンバーに相応のふるまいを期待しています。本社としてのポリシーを、意見を、そして、判断を。本社ではなかったとしても、一参加者として意見や提案をするのは、参加者としての責任です。国際会議において、「英語がニガテだから……」「発音が下手なんで……」と喋らない参加者は無価値です。「なぜこの人はここにいるんだ？」と不信感すら与えかねません。こうして、日本の本社が海外のグループ会社の求心力を失うシーンを、私も幾度となく見てきています。

とかく、日本人は英語がニガテだからと話さない人が多い。しかし、断言します。たどたどしい英語でも、しっかりと意見をする人、判断をする人のほうが信頼され、評価されます。これは役職者、担当者、関係ありません。

ご安心ください。海外の人たちは、日本人が英語が得意だなんて思っていません。発音が悪かろうが、文法が多少まちがっていようが結構。そこ、期待されていないですから！　考えてもみれば、世界の英語人口のうちの八割がノン・ネイティブ（＝英語を母国語としない人）です。すなわち、相手も英語シロウト。また、私の経験上、ネイティブでも文法や語法は意外とめちゃくちゃです。美学は捨て、とにかく発しましょう。

読みどころ

手の悪《わろ》き人の、憚らず文書き散らすは良し。「見苦し」とて、人に書かするは煩し。

訳 字が下手な人で、遠慮せず、手紙を書き散らしているのはいい。「見苦しい」と言って、ほかの人に書かせる人はうっとうしい。

解説

「多少下手でも、自身で取り組むほうがいい」と書き残した兼好に、次のようなエピソードがあります。

兼好は鎌倉時代後半から南北朝時代にかけての人物ですが、足利政権の下で将軍を補佐した執事、高師直とつながりがあったようです。『太平記』という作品には、塩冶高貞の夫人に横恋慕した師直が、恋文を送る際、兼好に代筆をさせたと書かれています。

兼好は勅撰和歌集撰者・二条為世の弟子で、「和歌四天王」と言われていたので、雅な恋の和歌を書いてもらおうと思ったのでしょう。結局、その女性は、兼好の文を見もせず、うち捨ててしまい、兼好は師直から出入り禁止を食らう羽目となったとされています。

この出来事が事実か、また事実だとして『徒然草』執筆との前後関係がどうかははっきりとはしませんが、これに似た経験を重ねた結果、代筆なんてもうこりごりと思ったのかもしれません。「自分で書いてくれよ、もう」と。

私利私欲に走る姿は美しくない
～第三十八段　名利《みょうり》に使はれて

兼

野心も結構だがそれで、激務のストレスだらけの毎日を送るのはいただけないのう。
なまじ財産があるのもトラブルのもと。
あんまり車や宝石を見せびらかしておると、良識ある大人は呆れて離れていくぞ。
あと、コネと運だけで高い地位についている人もいるからな、
地位だって深い意味はないものじゃ。周囲にほめられたい、世の中に認められたい、
と思う人にも言っておくが、名声は悪口と紙一重だし、
あんたも、あんたを語り継ぐ人も、そのうちみな死んでいなくなるのだ。

当世とほほ徒然話

なんて言いますかね。いつも「脂ぎっている」上司。とにかく目先の売上をあげること、ライバルを出し抜くことに躍起になっている本部長。自分が目立つことだけ、自分の出世だけを追い求めて突っ走っている部長。目立たない仕事にはまったく興味を示さない課長。も

う五十近いのに。正直、人としての魅力を感じないんですよね。その姿を見て、部下はどう思っているのか。「ああ、なりたい」と思っているのか。「後に続きたい」と思われているのか。立ち止まって考えてほしいな。

名誉を求めて、私利私欲に走る上司。本人は美しいと思っていても、まわりの人がそう見ているとは限りません。なかには部下の功績を、さも自分一人で成し遂げたかのように語り、自分の手柄にしてしまう残念な上司もこの世には存在します。そんな人の背中を、部下はどのような気持ちで見ているでしょうか？　そして残念ながら、どんなに派手な実績をあげたとしても、それは真夏の夜に打ち上げられた花火のごとく、はかなくも人の記憶から消え去ってしまうのです。

徳のある人は、ココロを伝えようとします。組織の育成を考えて行動します。大切なものごとを、後任にいかに知識として残すか？　若手がチャレンジしやすい風土や文化を、どうやって創っていくか？　その取り組みは、じつに地味で目立たず、時に「そんなことをして何になるんだ？」と心ない人たちに冷たい視線を浴びせられることもあるけれども、真に成長したい思いのある人たちを動かします。そして、そうして生まれたマインドや風土こそ、語り継がれ、やがて組織に根付いていくものです。

読みどころ

名利《みょうり》に使はれて、閑かなる暇なく、一生を苦しむるこそ、愚かなれ。

訳 金や地位を求める気持ちにとらわれて、心の平穏もなく、自分の一生を苦しいものにする生き方は愚かである。

解説

僧侶は俗世の名誉や地位を捨てた出家人ですが、だからといって、名誉を求める煩悩をきっぱりと捨てられた人ばかりではなかったようです。兼好より一〇〇年少々先輩の鴨長明が残した『発心集』に、次のような話があります。

出家こそしたものの、「見事な出家を遂げた、と褒められよう」「自分は尊い修行をしていることを世の中にアピールしよう」と考えるような人は、俗世で名誉を追求するよりもひどい状態だ。

現代で言うなら、会社を辞めてフリーランスになって、「会社での出世競争や接待の飲み会なんてアホらしい」とのたまっている人が、必死にセルフブランディングをしたり、異業種交流会に出席したりしている感じでしょうか。

鴨長明は「本当に仏道心がある人はむしろ、わが身の徳を隠そうとして、欠点を見せようとするものだ」と書いていますが、そこまでやるのはかえってやりすぎな気もします。名誉欲や承認欲求といった個人の欲を忘れ、「いいものを作ろう」「いい組織にしよう」といった目的にフォーカスし、利他の黒子の心で行動できるのが、真のオトナなのではないでしょうか。

これぞプレゼンの極意！〜第五十六段　久しく隔りて逢ひたる人の

兼

久しぶりに再会した人が、自分の近況をマシンガントークしてきたら、ちょっとうんざりするのう。仲がよくても、ちょっとぐらいは遠慮すべきじゃ。とかく、いまいちな人ほど、ちょっとしたことで一人で盛り上がって、熱く語り散らすのじゃ。尊い人が語る時はな、人数の多い席でも、まるで、ただ一人に話しかけるかのようなんじゃ。その穏やかな語りぶりを、自然とまわり全員が聞き入っているのだ。

当世とほほ徒然話

「ううん。明日のプレゼン、自信がないなぁ……」

Aさんは、自席で浮かない顔をしている。明日は、プロジェクトで半年かけて検討してきた、新しい社内施策を社員の前で発表するのだ。

このプレゼンテーションでどれだけ理解者を増やすか？　それがプロジェクトの成功の鍵だ。思わぬ大役を仰せつかり、ひるむ。無理もない。Aさんはいままでプレゼンテーションをした経験がないのだから。先輩社員のBさん、そんなAさんの心の不安を察したのか、優しく声をかける。

「自分の話したいことだけを、一方的に語りかけても聞いてもらえないよ」

Bさんは優秀な営業担当者だ。プレゼンの場数も踏んでおり、数々の大型案件を受注してきた。

「相手にメッセージを理解して考えてもらったり、話してもらう余地を与えなきゃ」

なるほど。Aさんは、とにかく話しきることだけを考えていた。それではダメなんだな。Aさんは、ふむふむと頷きながらメモをする。

「それと、全員に語りかけようとしないこと。この話をどんな人に聞いてもらいたいか？一人を想定し、その人に語りかけるように話すといいよ」

そうか。たしかに、全員を満足させようとすると話すポイントもぼやけてしまう。結果として、だれにも何の印象も与えない無為なプレゼンテーションになってしまうのか。

「ありがとうございます！　私、やれそうです」

Aさんの瞳に、魂がこもった。

兼好さんが教えてくれた、プレゼンテーションの極意。

・一方的な発信ではなく、インタラクティブ性（双方向）を取り入れる
・キーメッセージを定める
・だれか一人、ターゲットを決めて、その人に語りかけるように話す

これらは、現代のビジネス書でも効果的なプレゼンテーションのポイントとして語られています。

矢継ぎ早に話されても、聞き手は消化しきれません。また、自分のことばかり話されても、フラストレーションがたまるだけ。結果として、後味の悪さしか残りません。聞きどころのわからない話は、退屈かつ苦痛です。だれに向けて発信しているのかわからない話もまた、聞き手をモヤっとさせます。プレゼンテーションは、あなたの主張を吐き出す場ではありません。「対話の場」と捉え、有効活用しましょう。

読みどころ

次様《つぎさま》の人は、あからさまに立ち出でても、今日ありつる事とて、息も継ぎあへず語り興ずるぞかし。

訳 いまいちな人は、ちょっと出かけただけでも、今日あったことを矢継ぎ早に（本人だけは盛り上がって）語るのであるよ。

解説

本段の締めくくりには、次のようにあります。

「人の見様の良し悪し、才《ざえ》ある人はその事など定め合へるに、己《おの》が身を引きかけて言ひ出でたる、いとわびし」

（人の外見や学力などを論評し合っている時に、自分の身に引き付けて話をするのは、たいそう見苦しい）

これはどんな人が批判されているかと言うと、「モデルの〇〇さんって可愛いよね～」などとみんなで話し合っている最中に、「本当、あの人、まつげ長くていいよね。私なんてさ、マスカラ付けまくって、やっとだもん」と、すぐに自分の話に転じてしまうような人です。隙あらば自分語りに持っていく。話題になっている人物と自分を比べて卑下したり（慰めるのめんどうくさい！）、逆に自分のほうが上だと張り合ったり（だれがほめてやるものか！）。どういう方向でも、周囲からはうっとうしいだけですね。話の流れをすり替えてしまわないよう、注意しましょう。

「残念な」コミュニティの特徴
～第七十八段　今様の事どもの珍しきを

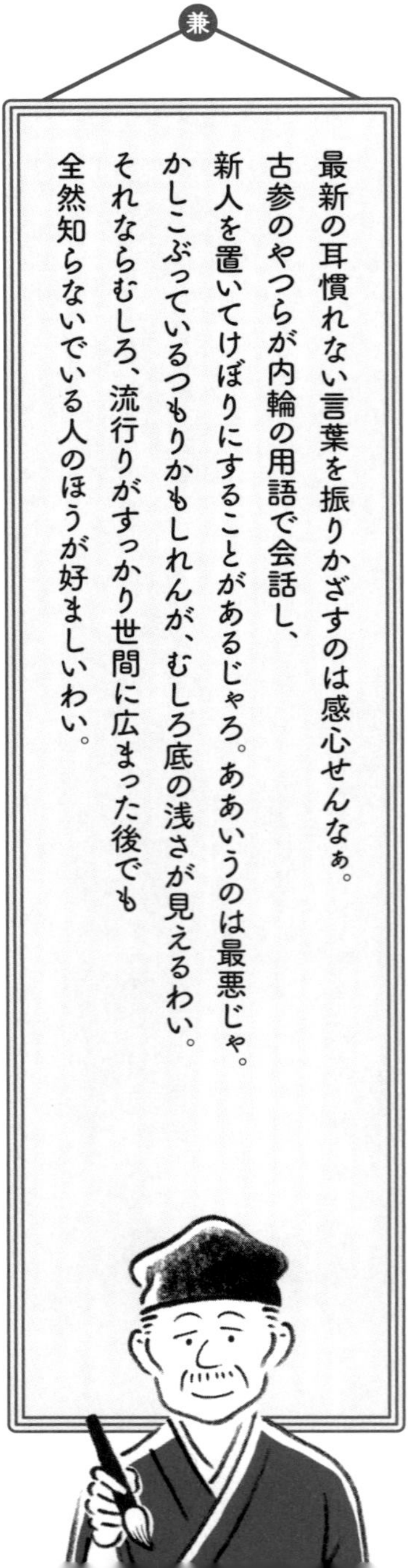
兼
最新の耳慣れない言葉を振りかざすのは感心せんなぁ。
古参のやつらが内輪の用語で会話し、
新人を置いてけぼりにすることがあるじゃろ。ああいうのは最悪じゃ。
かしこぶっているつもりかもしれんが、むしろ底の浅さが見えるわい。
それならむしろ、流行りがすっかり世間に広まった後でも
全然知らないでいる人のほうが好ましいわい。

当世とほぼ徒然話

営業職からWebエンジニア職に転向したAさん。大学での専攻は経済学で、技術に触れたことなどない。しかし、持ち前の好奇心もあって、新たな領域にチャレンジしてみることにした。さりとて、いったい何から勉強したらいいのやら？　皆目見当もつかない。インターネットをなんとなく検索してみると、Webエンジニア向けのコミュニティがあることと

を知った。平日の夕方や土日に、会社を超えた有志のエンジニアが集まって勉強会をやっているらしい。「初心者歓迎」の触れ込みに誘われ、勇気を持って参加することにした。ところが……

・話題にまるでついていけない。専門用語が飛び交いまくり、何を言っているのかさっぱりわからない……
・「わからなそうな」表情をしたら、ほかの参加者に鼻で笑われた……
・それどころか、常連メンバーと思われる人たちだけで楽しそうに盛り上がっている……

「初心者歓迎」のはずが、まったく歓迎されている気がしない。ふと、まわりを見渡すと、Aさんのほかにも居心地が悪そうにうつむいている人が二人、いや三人……これでいいのか？

インターネットが発展し、会社を超えた同じ職種同士、あるいは趣味趣向をともにする仲間同士が集う、コミュニティ活動も盛んになってきました。「初心者向け」「ビギナー歓迎」をうたう優しいものも。新しいチャレンジをする人にとって、心強い限りです。

一方、初心者向けをうたっておきながら、ハードルの高い残念なコミュニティも存在します。

- **常連や上級者だけで、難しいテーマでひたすら盛り上がっている**
- **初心者の質問や疑問に答えてくれない**
- **初心者を馬鹿にする**
- **運営者が内輪だけで盛り上がっている**

常連や上級者が優越感に浸りたいがために、初心者を集めているのではないかとすら思いたくなる会も。本当の上級者は、初心者に対して優しいもの。自分の好きな領域や技術に興味をもってもらえることに喜びを感じ、ともに学びあう仲間が増えることを生きがいにします。そうして、その領域や技術のファンを増やしていきます。それに対し、「自称上級者」は自分たちだけが悦に入り、着実にアンチを増やし続けます。なんとも残念ですね。

読みどころ

心知らぬ人に心得ず思はする事、世慣れず良からぬ人の、必ずある事なり。

訳 新人で事情をよく知らない人を疎外するのは、世間知らずのだめな人が必ずやることだ。

解説

「子供叱るな来た道だもの。年寄り笑うな行く道だもの」

これは、故・永六輔さんが著書『無名人 名語録』（講談社）で紹介した言葉。ある浄土真宗の信徒の言葉だそうです。インターネット上で、これをモジったと見られるフレーズがよく使われています。たとえば、芸能人や作品のファンコミュニティで使われる「古参」（昔からのファン）、「ニワカ」（最近新しくファンになった人）を用いて、

「ニワカ笑うな来た道だ、古参嫌うな行く道だ」

はよく使われています。この発想で、職場においても、

「新人叱るな来た道だ、老害笑うな行く道だ」

と応用できそうです。もちろん、老害になることは意識的に防ぎたいところですが

……。

肩書き依存のリスク ~第八十六段 惟継中納言は

中納言の平惟継は賢いお人じゃ。仏道修行にも熱心での、円伊という坊さんを師匠と仰いでおった。円伊は寺法師、かの名刹・三井寺の法師であったが、一三一九年に三井寺が焼き討ちにあってしもうた。誇りの寺が燃えてしまって気落ちしておった円伊に対し、惟継は、「これまでは『寺法師』とお呼びしてきたが、今後は単に『法師』としましょう」と励ましたんじゃ。気の利いた声のかけ方じゃろ?

当世とほほ徒然話

知人の誘いで、何の気なしに参加した異業種交流会。業界問わず、新たなビジネスを立ち上げた人たちがショートスピーチをし、その後に立食形式で懇親を深める場なのだという。どうもこの手の場は居心地が悪い。共通の話題のない相手との名刺交換も、正直気が進まない。

トップバッターはシニアの男性。企業を定年で退職後、個人でコンサルタント業を始めたという。大企業での新事業立ち上げ、そこから転職して複数の外資系企業の本部長経験。有名企業の名前をドヤ顔で連ねる。聞く限り、眩しすぎる経歴だ。

ひととおりのスピーチが終わり、懇親タイム。皿に盛ったビュッフェの料理に箸をつけようとした時、その男性が近づいてきた。名刺を片手に、話しかけられる。

「何かお仕事はないでしょうか？　いい案件があれば、ぜひ紹介してください」

あらら、先ほどの堂々とした姿勢はどこへやら？　一転して弱気な態度。そのギャップに思わず言葉を失う。いきなり「いい仕事」「いい案件」と言われても……。そもそもあなたが何をできる人なのかまったくわかっていませんし、知る気もないです。

中途採用の面接で、「あなたは何ができますか？」と候補者に尋ねたところ、「部長ができます」と返ってきて困った。

ある企業の採用担当者の言葉です。人生一〇〇年時代。六〇歳リタイアは過去の夢物語になりつつある昨今、シニア人材の転職や再雇用が増えてきています。一方、何ができるのかわからない、スキルがない、自分の経験や残してきた実績を語れない「残念なシニア」も少なくありません。

「有名企業に勤めていた」「部長をしていた」

これらは、肩書きでしかありません。残念ながら、環境が変われば肩書きでは評価してもらえません。会社の看板や肩書きがなくなった時、あなたは何ができますか?

環境が変わっても通用するスキルを身につけ、実績を残す。

説明可能な自分を作る。

環境が変わっても活躍しているシニアは、それをやっています。

また会社側は、どこへいっても通用する人材を育成していきたいものです。それが、魅力ある人材を引き寄せ、ひいてはあなたの組織の価値を高めます。

読みどころ

御坊をば寺法師とこそ申しつれど、寺はなければ、今よりは法師とこそ申さめ。

訳 あなたをこれまで「寺法師」とお呼びしていたが、寺は焼失したので、今後は単に「法師」と申しましょう。

解説

三井寺は、園城寺とも呼ばれている滋賀県大津市のお寺です。天武天皇（?～六八六年）が「園城寺」と名付けるなど、歴史のある名刹で、今でいえば、TOYOTAのような、だれもが知る老舗の大企業です。

この三井寺が、長年のライバル・延暦寺の宗徒に燃やされてしまったのが今回の事件です。建物や寺宝の多くが燃え、円伊を含め、三井寺の面々はさぞ傷ついていたことでしょう。そんな円伊に対し、惟継は一種のしゃれを言ったのです。

軽口のようですが、「三井寺の法師である」ことに強くプライドを持っていた円伊に対し、「三井寺の法師である前に、一人の法師である」と、根本的なアイデンティティを自覚させた、深い声かけだと見ることもできます。

私ももう少し若い頃、三大予備校などと呼ばれる大手予備校の講師になることに憧れた時期がありました。自己紹介をする時にも、「S台やK塾のような大手ではないんですが」と卑屈に言っていました（笑）。でも、今はそもそも国語講師であることに強い誇りを持っています。大手予備校に入るよりも、今いるところを大きくすることに関心があります。八十六段は、そうした誇りの根幹を再認識させてくれます。

COFFEE

残念な年長者になる前に引き際を見極めよう

～第一三四段　高倉院の法華堂の三昧僧

兼

他人のことならわかるのに、自分のことがちっとも見えていない人がおるわな。外見は鏡を見ればわかるし、年齢は数えればわかるはずなのに、立派な人でも、なかなか自分のことは見えないものよ。自分が衰えていると気づけばすぐ退くべきだ。老いを自覚したら引っ込んで、大人しく静かに暮らせばいい。求められてもいないのに、厚かましく出しゃばり続けるのは恥ずかしいことじゃよ。

当世とほぼ徒然話

ある老舗大企業の会議室。朝から自社の「イノベーション」を検討する会議がおこなわれています。全員スーツ＆ネクタイ姿の役員と中堅社員、数名の若手社員がずらり。すべて男性。とてもイノベーションが起こりそうな感じがしませんが……

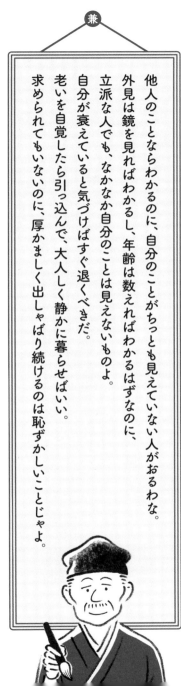

開口一番、白髪頭の役員の、過去の苦労話が小一時間。やっとこさ、ディスカッションタイム。中堅社員がＩＴベンチャー企業とのコラボレーションによる、エンターテインメント要素を取り入れた新規サービスの案を発表するも……


「エンターテインメント？　会社は遊び場じゃないんだぞ」

「世の中で実績はあるの？」

「常識では考えられない」

「そもそも当社は……」

「ベンチャー企業と文化が違う」


役員から集中砲火。気を利かした若手社員がノートＰＣで議事メモを取ろうとするも、すかさず隣席の部長が咳払い。若手はそっとノートＰＣの蓋を閉じる。「イノベーション」とは裏腹に、中堅や若手のモチベーションはただ下がり……

少子高齢化。この現象は、企業組織でもさまざまな問題を引き起こしつつあります。シニアな人たちが、若手の成長機会やモチベーションを悪気なく下げる景色。これは企業組織のみならず、もしかしたら日本全体の縮図かもしれません。元首相が思いつきで無邪気に発言した夏季の暑さ対策案がＩＴエンジニアの神経を逆撫でした一件は、私たちの記憶に新しいでしょう。

私は、多くのビジネスパーソンは五十代を境に、次の二つのタイプにキレイに分かれると感じています。

・ひたすら頑固になる人。いままでのやり方や過去の成功体験、既得権益にしがみつこうとする

・柔軟な人。率先して外に出て、社内外のさまざまな人や若手と交流し、自分をアップデートして、新たなチャレンジをする

組織の健全な成長を考えたら、シニアな人たちは後者であることが理想的。若い人とも交流し（ただし、しつこくない程度に）、若手が新しいチャレンジをできる大義名分を作り、自らも変化を楽しむ。その余裕が欲しいものです。それができないシニアは身を引く。それも潔さだと感じる、今日この頃です（その意味で、大企業によくある「役職定年」の仕組みは、じつによくできたエコシステムです）。

読みどころ

拙きを知らば、何ぞ、やがて退かざる。

訳 拙いと気づいたら、どうして、すぐに退かないだろうか。いや、ただちに身を退くべきだ。

解説

中国の唐の時代に、後世お手本とされる善政が二回ありました。

①貞観の治（七世紀前半、二代皇帝・太宗による）
②開元の治（八世紀前半、九代皇帝・玄宗による）

ただ、このうち開元の治については、残念なオチがつきます。玄宗は四十四年の長きにわたって、皇帝の位に就き続けました。その後半、世の中は乱れ始めます。息子の妻になっていた楊貴妃を奪って自分の妻にし、夢中に。政治をおろそかにしたり、楊貴妃の親族を出世させたりしたことが、「安史の乱」という大内乱の原因になります。前半は、税制改革や節度使制の導入、外敵征服などで、たぐいまれなる国の安定・繁栄を実現したのに、後半は完全なる「老害」になってしまったわけです。いかに、自分の老いや衰えを自覚するのが難しいかを実感する例です。

この困難を乗り越えるには、「諫言」を受け入れる態勢が重要です。若い人や部下など、客観的に自分を見ている人からの忠告を、受け入れなくてはならないのです。

下手なのはわかるけど「で、いつやるの？」

～第一五〇段　能をつかんとする人

兼

何かを始める時に、「下手なうちは黙っておこう。こっそり練習して、できるようになってから披露したほうがカッコいいに違いない」というヤツがおるが、そういう輩はどうせ何もできるようにならんもんじゃ。何事も下手なうちから、上手な人の中に交じって努力すること。けなされたり笑われたりしても無視、無視！　恥じず、動じず、やり続ける。そうやって精進していくと、生まれつきの才能がなくたって一流になれる。才能があっても、努力しない、そんなヤツより上に行けるわい。

当世とほほ徒然話

「え、英会話ランチですか!?　ううん、お誘いはうれしいけれど、自信なくて恥ずかしいから、もう少し英語上手になってから参加します……」

ＩＴ企業に勤務するＡさん。Ｂさんが英語の勉強を始めたと聞いて、最近始めた英会話ランチに誘ってみた。毎週水曜日、昼休みの時間を使ってみんなでお弁当をつつきながら、英語で会話する試みだ。参加者は全員初心者、ところどころ日本語が混じりながらも、たどたどしい発音やイントネーションで楽しく会話している。おかげで、英語をアウトプットすることに抵抗感がなくなってきた。

「みんな初心者だし、社内のよく知ったメンバーだから全然恥ずかしくないと思うけれど、あなたがそう思うのなら『参加したい』と思ったタイミングで声かけてね！」

Ａさんは、さわやかな言葉を残してその場を去った。

「私のイラスト、とても人に見せられるレベルじゃない（だから見せたくない）」
「英語の会議、発音がうまくなったら参加します」
「プログラマーの勉強会、もうちょいマシなコードを書けるようになったら顔出してみる」

なにかを始めるのに、このような「ＩＦ条件」や「ＷＨＥＮ条件」をつけて躊躇する人がいます。いつまでたってもその条件は満たされず、アウトプットもしないまま、結局その技術をモノにできずに終わることも。上達する人は、恥を気にせず、とにかく始めます。上級者の中にも飛び込み、時にもどかしく悔しい思いをしながらも、腕を上げていきます。

私が大学一年生の頃のお話。サークル仲間との、はじめてのスキー旅行。青森出身のスキーインストラクターの資格を持った先輩に、全員いきなり上級者コースに連れていかれて尻込みした経験を思い出します。とにかく降りるしかなく、転びながらもなんとか滑り降りた時の達成感は、今でも鮮やかに思い出します。気がついたら雪面を滑るのが楽しくなり、仲間と夜遅くまでゲレンデにいました。

私のまわりには、マンガやイラストが得意なエンジニアがいます。商用出版をしてベストセラー作品を生み出している人、名だたる出版社で連載をして人気作家になっている人もいます。彼ら／彼女たちは、最初からプロだったわけではありません。みんな趣味で始め、初心者の頃から自分のブログやツイッターで作品を公開していた。「ヘタクソ」「素人」など、心ない人たちから冷やかされたこともあったそうです。それでもめげずに描き続け、公開し続けた。同人誌を書いたりもした。やがて能力も上達し、共感者やファンも増え、気がついたらプロになっていた。プロへの道とは、そういうものです。

だれだって、はじめは素人。マウントを取る（＝上から目線で相手の優位に立ち、相手を潰そうとする）人は無視し、恥ずかしがらず、海に漕ぎ出してみましょう。

読みどころ

能をつかんとする人、「よくせざらんほどは、なまじひに人に知られじ。うちうちよく習ひ得てさし出でたらんこそ、いと心にくからめ」と常に言ふめれど、かく言ふ人、一芸も習ひ得ることなし。

訳 技能を身に付けようとする人はたいてい、「上手にできないうちは、うかつに他人に知られないようにしよう。こっそりと修練して、できるようになってから表に出たら、とても素敵に見えるだろう」と言うようだが、こう言う人は、一芸だって身に付けられない。

解説

私の塾の授業では、二時間の授業で二〇〇回ぐらい発問し、かけ合いのような感じで授業を進めていきます。もちろん「わかりません」と答える生徒もいますが、それに対しては、

「教科書の二九ページを調べていいから答えよう」
「これってさ、下が打消の助動詞でしょ、ということはこの上はナニ形になるはずかな？」

などと誘導し、答えを出してもらっています。

ただ、なかには、頑なに答えない生徒がいます。何を聞いてもヒントを出しても、一〇〇％「わかりません」。経験上こういう生徒は、本当に何もわからないのではなく、プライドが高めなのです。「ある程度はわかってはいるけれど、自信もないし、まちがえて恥をかきたくない」わけですね。私もあまりズケズケと踏み込むことはしませんが、もったいないなぁ、と思います。教室なんて、まちがえてナンボ。自分の誤解をといたり、まちがえた悔しさでしっかり覚えたりするほうがよっぽど価値が大きいのに……。

上達したいなら、自意識は封印。恥をかきつつも成長し、立派になった自分にプライドを持てばいいのです。

第7章

ブランドマネジメント

勝とうとするな、負けないようにしろ

～第一一〇段　双六の上手といひし人に

兼

双六の名人に勝利の秘訣を尋ねたら、こう言っておった。

「勝とうとして打つな。負けないように考えて打て。どの手だと早く負けてしまうかを読み、それを避ける。負けるのが一目でも遅くなるような手を使え」

これは普遍的な真理だと思わんかい？　人が生きていくうえでも、国家を治めるうえでも、大事な教えじゃ。

当世とほほ徒然話

昼下がりの役員会議室。社長から、「社内コミュニケーション活性」のための方策を提案せよと言われた、経営企画部のA課長とBさん。議論を重ねた結果、チャットツールの導入を提案することに。今日は役員へのプレゼンの日。Bさんはノートパソコンをプロジェクターにつなげ、資料を投影する。

「チャットツールを活用したナレッジマネジメント」

見慣れない言葉が並ぶ。ITクラウドサービスを使ったコミュニケーション活性の事例など、役員たちになじみのない世界がスクリーン上に展開される。痺れを切らした一人、A課長の説明が終わりきらないうちに茶々を入れる。

「チャットツール？　なんだねそりゃ。遊びの道具じゃないの？」

懐疑的な発言。そこから、ほかの役員もせきを切ったように意見を言い出す。

「ナレッジマネジメントっていうけれど、コミュニケーション活性とどう関係するの？」
「クラウドサービス？　そういうの、よくわからないんだよね」
「ITとか小難しいのじゃなくて、社内コミュニケーションといえば、飲み会とか社内旅行とか、そういうのがわかりやすくてイイんじゃないの？」

ストレートなコメントに、会場は失笑の渦に。ひととおりの意見が出終わったところで、最後に社長が口を開く。

「チャットツールやクラウドサービスが何なのかは、正直よくわからない。しかし、経営と現場で意識のギャップがあることはよくわかった。あらためて、現状の社内コミュニケーションの課題と、全体観を含めて提案してほしい」

ここでタイムアップ。結局この日、チャットツールの導入は決裁されなかった。

「はぁぁ。役員、説得できませんでしたね。とほほ……。今日のプレゼンは失敗か……」

ガックリと肩を落とすBさん。一方、課長のAさんは真逆の捉え方をする。

「いや、失敗じゃない。むしろ成功だ」

Bさんは、思わずA課長を二度見する。

「経営陣の心配事やホンネも聞き出せた。社長は、経営と現場で意識のギャップがあることも認識した。さらに、今回のプレゼンで、少なくとも経営陣は『チャットツール』『クラウドサービス』というコトバを知ったはずだ。興味深そうにメモをとっていた役員もいたぞ。これで、次回はより説明しやすくなる」

たしかに、A課長の言うことももっともだ。あのまま強硬に経営陣を説得しようとしても反感を買い、その場で否決されてしまっただろう。

「いきなり勝とうとしてはダメだ。いったんは引き下がって、じわりじわり勝ちに行くのも戦略だぞ」

自信たっぷりの瞳で空を仰ぐA課長。巻き返しはこれからだ。

いきなり勝ちに行こうとして撃沈。社内プレゼンや、営業提案のあるあるです。スピーディに成果を出せたらベストですが、焦らず、まずは負けない方法を考える。これも、大事なコミュニケーション戦略です。

仕事に対して、熱量があればあるほど、前に進めようと焦って目の前の相手を説得しようとし、反発や抵抗にあいがちです。そんな時こそ、いったんは引き下がる。様子を見て、次の一手を考える。そのような中長期のアプローチが、長い目で見たら近道だったりします。大きな組織であればあるほど、世代も、考え方も、価値観もさまざま。焦らず、急がず、いきなり勝とうとしない戦略も考えてみましょう。

読みどころ

勝たんと打つべからず、負けじと打つべきなり。

訳 双六は勝とうとして打つな。負けないようにしようと心がけて打て。

解説

当時の双六（盤双六）は、今でいう「バックギャモン」。サイコロの出目をもとに、盤上に配置された各人十五個の石を進め、先にすべてをゴールさせた人が勝利となるゲームです。遅くとも七世紀までに日本に伝わった遊びで、賭博にも使われました。今日でいえば、「麻雀」のようなイメージの遊びです。

六八九年十二月、持統天皇によって双六の禁止令が出されていますが、みんな双六が好きで、やめられなかったようです。『平家物語』には、平安時代末期の白河法皇が、自分の思いどおりにならないものとして「賀茂河の水、双六の賽、山法師」を挙げたと言われています。法皇といえば、天皇が退位して上皇になった後、仏門に入った人。そんなやんごとなき人でも、密かに（？）双六に熱狂していたのです（煩悩！）。

同時期に日本に伝来し、雅な貴族らにも愛されたのが囲碁です。そういえば、人気マンガ『ヒカルの碁』は、平安時代の天皇の囲碁指南役・藤原佐為の霊が憑りついた、という設定でしたね。

リア充自慢もほどほどに

～第一一三段　四十にもあまりぬる人の、色めきたる方

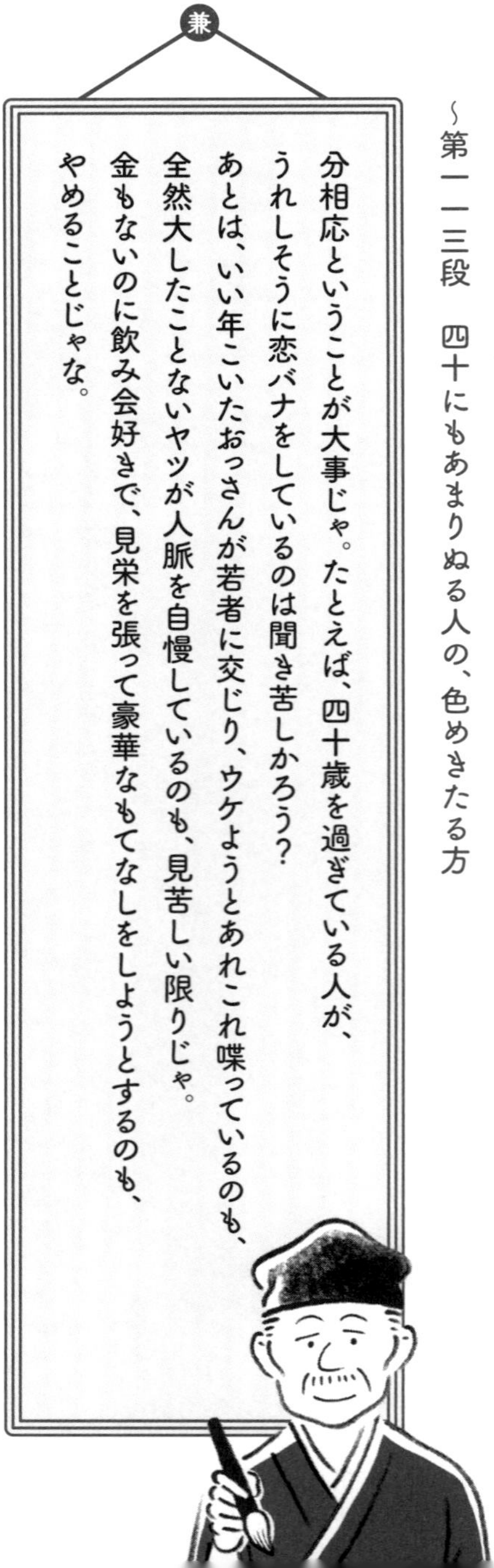

分相応ということが大事じゃ。たとえば、四十歳を過ぎている人が、うれしそうに恋バナをしているのは聞き苦しかろう？
あとは、いい年こいたおっさんが若者に交じり、ウケようとあれこれ喋っているのも、全然大したことないヤツが人脈を自慢しているのも、見苦しい限りじゃ。
金もないのに飲み会好きで、見栄を張って豪華なもてなしをしようとするのも、やめることじゃな。

当世とほほ徒然話

職場のAさん（四十五歳）。最近、なんだかキラキラしている。

「昨日は○○社の取締役と会った」

「△△社の事業部長、お友達だよ」
「僕、アイドルの××ちゃんと知り合いなんだぜ」

ことあるごとに人脈をひけらかす。「会った」「お友達」「知り合い」といっても、せいぜい名刺交換をして、SNSでつながった程度であろう。みんな、それをよくわかっている。それでも優しい若手社員たちは、返す言葉に困りながら、ニコニコとAさんの話を聞いてます。

気をよくしたAさん、昼休みともなると写真展覧会。SNSにアップした自撮写真を次から次に披露しながら、自慢バナシに花を咲かせます。気配を察した部長は……あ、逃げた。

「今夜も異業種交流パーティーだ。どんどん人脈を広げるぞ！」

Aさんはうれしそうに、名刺入れをなでています。

つながりを増やすのが好きな人がいます。それ自体は悪いことではなく、人生を豊かにしますが、それが目的化してしまうと、たちまち空虚なものに。世の中には、人脈を広げたい一心で近寄ってくる人を警戒し、「人脈」というコトバ自体に嫌悪感を持つ人も。


あなたは、そもそも何者で、何をしたいのか？

何ができる人なのか？

何のためにその人とつながりたいのか？


丁寧なコミュニケーションを心がけている人には、好感が持てます。

あるいは、職場で、仕事で悩んでいる同僚や若手がいる。そんな時に、

「そういえば、あなたが悩んでいるテーマの専門家と知り合いになったよ。相談してみようか？」


こんなひと言が言えたら、好感度高いですね。

また、ある程度の年齢になったら、いわゆる「リア充」っぷりをＳＮＳでＰＲしまくるのもほどほどに。自撮り写真のオンパレードは、ううむ、どうなんでしょう。

読みどころ

大方、聞き難く見苦しき事、老人の若き人に交はりて、興あらむと物言ひ居たる、数ならぬ身にて、世の覚えある人を隔てなきさまに言ひたる。

訳 だいたい、聞くのも見るのも不快なのが、いい年して若者の輪に加わり、盛り上げようといろいろ喋っている人や、本人は大したことない身で、有名人と親しいかのように語る人だ。

解説

兼好は、『徒然草』の十段で次のように述べています。

「家居のつきづきしく、あらまほしきこそ、仮の宿りとは思へど、興あるものなれ」

（家は所詮ひと時のはかない居場所にすぎないと思うのだが、住まいが似つかわし

く理想的なのはやはり素敵である）

キーワードが「つきづきし」。その人に似つかわしいこと、TPOに合っていることなどを表す言葉です。「つきづきし」を重んじ、それから外れたふるまいを見苦しく、不粋なものだと考えたのが兼好でした。

近年、「インスタ貧乏」なる言葉があります。豪華なランチ会やパーティーなど、インスタグラムでリア充アピールをしようとするあまり、家計が火の車になることです。「つきづきし」を心がけたいですね。

「キラキラネーム、あれって正直どうかと思うよ」

～第一一六段　寺院の号、さらぬ万《よろず》の物にも

兼

寺でも何でも、昔の人はシンプルに名前を付けたもんじゃよ。ところが最近はどうだ。自分の知識を見せびらかしたいのか、変に凝った名前を付けようとする。あー、煩わしいのう。人名も見慣れない文字を付けるのは、無益でしかないわい。何事もめずらしいの変わったのを好むのは、考えの浅いやつじゃな。

当世とほぼ徒然話

新設部署に異動になったA子さん。最近、どうも元気がない。日に日に、会社に行くのがおっくうに。別に会社が嫌いになったわけではない。待遇にも、仕事の内容にも満足している。問題は、初対面の人との名刺交換。その瞬間が、イャでたまらなくなってしまったのだ。名刺を受け取った相手。A子さんの部署名を見て、必ず一瞬顔をこわばらせる。

「『ワクワク事業部　いきいき創出課』……ですか？　ほ、ほぅ……」

明らかに反応に困っている様子。そして、次の言葉を一生懸命探している。

「……あ、新しいですね！　楽しそうです」

「あ、なんていいますか、御社の改革の意気込みを感じますね！」

気を遣ってほめてくれるのがなんとも心苦しく、いたたまれない気持ちにさえなる。名刺交換だけではない。電話に出るのも憂鬱だ。自分の部署名を名乗りたくない。

「社長、私がいきいきできません！」

キラキラネーム。子どもやペットに、キラキラした名前をつける慣習。最近は勢いあまって（?）、部署名や担当名に、キラキラネームを冠する企業も出始めました。

「社員を中から元気に！」

「風土改革だ！」

「名は体を現すというじゃないか。まずは、名前からだ！」

そんな経営層の思いつきで名づけられた、キラキラネーム。エンターテインメント企業など、キラキラを創造するミッションを持った会社ならさておき、老舗の製造業や、風土おカタめの金融機関などでは、社内で浮いてしまう恐れがあります。

「部署名を名乗るのが恥ずかしい」

「名刺交換するたびに流れる、あの気まずい空気がイヤだ」

「代表電話に出たくない」

キラキラ部署の社員からはこんな切実な声も。また、

「あなたたちはいいわね。仲よしクラブみたいで（こっちは売上目標の達成で、毎日大変な思いをしているのに）」

「ワクワク事業部なんだろう？　俺たちをワクワクさせてみろよ、ほら！」

など、他部署の社員から心ない言葉をかけられたり、高圧的なふるまいを受けて、無駄に傷つくことも。それでは、いよいよ社員はワクワクできません。キラキラ部署の、モヤモヤ模様。会社を元気にしたい。楽しくしたい。その思いはうれしいものの、社長、ちょっと眩しすぎではありませんか？

読みどころ

何事も、珍しき事を求め、異説を好むは、浅才の人の必ずある事なりとぞ。

訳 どんなことでも、奇をてらったり珍説を好んだりするのは、必ず考えの浅い人のすることであるという。

解説

キラキラネームという言葉は近年広まりましたが、兼好が嘆いているぐらいですから、昔から、一風変わった名前を付ける人はいました。

明治三十四（一九〇一）年に歌集『みだれ髪』で注目された、与謝野晶子もその一人です。夫・鉄幹との間に十一人もの子が生まれていますが、そのうちの四男には「アウギュスト」と名づけています。夫妻でパリに滞在した時期があり、そこで「考える人」で有名な、オーギュスト・ロダンと交流があったことから付けられた名前です。後にアウギュストは「碰（いく）」と改名していますが、何かと不便や苦労があったのでしょう。

名前を付けられる子どもの気持ち、商品・サービスを利用する人の利便性、そうしたものをふまえた名付けをしたいですね。

価値は相手が決めるもの
～第一六七段　一道に携る人

兼

ある道の専門家が、専門外の会合に出ることがあるな。
門外漢なのだから、黙っていればいいのに、
「専門のことなら、もっと語れますのに」
などと、うっとうしいことを言うやつがおるのじゃ。
「あぁ、この分野も勉強しておけばよかった」と後悔こそすれ、
自分の得意分野を自慢するとは愚か者である。
本当に一つの道を究めた人は、かえって、至らなさを痛感しているもんじゃ。
目線が高いからの。だから、真のプロは人に自慢なんぞすることはない。

当世とほぼ徒然話

なにかにつけて、「自分語り」を繰り広げるAさん。転職を重ねてキャリアアップし、海外駐在経験も豊富。数々のプロジェクトで成果を残してきた。社内のだれも経験したことの

ないような、チャレンジもしている。そのすごさは、だれもが認めている。そう、Aさんのすごさは、みんなよくわかっている。

だからね、まったくテーマの異なる専門分野外の会議でまで、無理にでしゃばる必要ないと思いますよ。そんなにPRしなくても、あなたの価値は十分に理解されていますから。派手な自分語りは、かえってまわりをひかせてしまうんじゃないかなぁ……。

いついかなる時も自分が主役でいたい、あるいは自分が仕切らないと気が済まない人がいます。しかしながら、人間にはだれしも、専門分野とそうでない分野があります。知見のない領域においても、無理してがんばって虚勢を張ろうとするのは、いかがなものでしょうか？

「このテーマは、よくわかりません」
「○○さん、この分野におくわしいんですね。では、○○さんにお任せしたいと思います」

わからないことは、わからないとはっきり言う。くわしい人に任せる。そんな潔さも大事。勝てる領域で、正しく勝てばいいのです。

価値は相手が決めるもの。あなたの価値もまた、他者が決めるもの。派手にPRしなくても、あるいは無理に背伸びしなくても、着実に行動して成果を出していれば、あなたの価値は必ずだれかが見て、評価してくれます。そして、求められていない場面での過度なPRは、あなたの価値をいたずらに下げてしまいます。

読みどころ

一道にも誠に長じぬる人は、自ら明らかにその非を知る故に、志、常に満たずして、終に物に誇る事なし。

訳　一つでも何かに精通した人は、その道での自分の不十分さを痛感している。だから、志は常に満たされず、ついぞ人に自慢することはない。

解説

兼好は中国古典の愛読者でもありましたが、『論語』に「知らざるを知らずと為す、是《これ》知るなり」（為政編）という言葉があります。変に知ったかぶりをせず、知らないことは知らないと言える、それが正しい知のあり方なのです。

西洋哲学でも、ソクラテスの「無知の知」という考え方が知られています。本当の知者は己の無知をわかっており、不十分だと自覚しているからこそ、学び、考え続け、真の認識に至ることができる、というわけです。

西洋でも東洋でも同じ教えが説かれていたところに、人間の普遍性を感じます。

特別対談 「なぜ、いま徒然草なのか？」沢渡あまね×吉田裕子

徒然草はブログやツイッターの元祖？

沢渡：私が徒然草が好きなポイントは、二つあります。一つは、いい意味で〝ゆるい〟こと。〝ゆるい〟というのは、恋愛の話をするとか、聖人すぎないところです。

私は、徒然草はブログやツイッターの元祖だと思ってるんです。ライフハック的なコメントがあったかと思えば、マネジメントの真理を突いた深い洞察、いまだとドラッカーに通じるような話もあったり。そうかと思えば、「友達にするなら医者がいいよね」とか、俗っぽい、人間くさいことも呟いていたり。そこが、ひとびとに好まれ、語り継がれてきた背景ではないかと。後に、兼好氏のコメントを本居宣長氏がリツイートしたりしていますからね（笑）。

吉田：ツイッターも、兼好同様、つれづれなるままに書いてる自由な人がおもしろいですよね。

沢渡：どうでもいいツイートが一番リツイートされますからね（笑）。

吉田：作品の一貫性は、同じ古典随筆でも『方丈記』のほうがあるんです。最初にこの世の無常を語り、あてはまる例を挙げて、「こんな無常な世の中だから、小さな家に住むのがいい」と進む。「でも、考えてみれば、小さな家を愛するのも煩悩だ」「煩悩が残っている自分はダメだ」「だから説教する資格なし」「ただ南無阿弥陀仏と唱えよう」と、話がちゃんとつながっている。

一方で、『徒然草』はそんなことないんですよね。段ごとに話題がバラバラで、時に矛盾している。今だと「前はこう言ってたのに、話が違うじゃないか」とネットで晒し上げられそう（笑）。

沢渡：その人間くささがたまらなく好きなんです。織田信長のようなカリスマ的、あるいは統制的な方法もありますが、上下関係を設けない経営スタイル、管理をなくす経営スタイルも最近では成功事例として注目されています。そのような新しいマネジメントスタイルや、かしこまらない生き方などの先駆けなのではないかと。

吉田：「余白がある」のがいいと思うんですよね。解釈ができる。緻密に語るために議論を体系化していると、逆に読者が自分に合わないと感じる部分が増えてしまったり。

新しい生き方は兼好さんに学んだ

沢渡：もう一つ、私にとっての『徒然草』のポイントは、作者の兼好さんが私の人生のロールモデルになっていることです。兼好さんは三十歳前後で出家していますが、私も三十代でサラリーマンを辞めてフリーランスになり、いまではベンチャー企業の取締役も兼任しています。兼好さんは山奥で物書きなどをしつつも、いわゆるビジネスの世界ともかかわりを持っていた。南北朝時代、対立関係にあった南朝と北朝それぞれの要人が、アドバイスを求めて兼好さんを訪ねていたといいます。私もいま物書きをしつつ、企業の管理職などの方に組織改革や働き方や業務改善の支援やアドバイスをしている。気がつけば、ライフスタイルが似通っているなと思うのです。あるいは、無意識のうちに、兼好さんの生き方に憧れてそうなっていったのかもしれません。

吉田：そもそも、兼好さんって何のために出家したかわからないんですよね。『方丈記』の鴨長明は、「自分が願っていた神職が得らなかった」という明確な挫折が原因で出家しているわけですが。

沢渡：兼好さんは官職で出世していたのに、突然出家してしまった。それでいて、その後もご意見番として活躍していた。素敵ですよね。

吉田：「大企業はダメだ」「社畜的な働き方はやっていられない」と大企業を離れて独立する人もいますが、一方で「気づけばフリーランスになっていた」という感じの人もいますよね。しなやかな感じ。会社にいる時から、副業でいろんなコミュニティに出入りしているような。兼好さんも、そんな複業人、しなやかなフリーランスですね。

「文化のＨＵＢ」「世の中の違う見方を示す存在」としての兼好さん

吉田：私も、『徒然草』の魅力を二本柱で感じています。

一つめは、兼好さんが「文化のＨＵＢ」になっていること。兼好さんは、『源氏物語』も『枕草子』も好きで、さらに中国の古典にも目を通している。いろんなものを吸収している。それが、『徒然草』のはしばしに出ています。「ああ、ここは『枕草子』に影響を受けただろうな」という段がある。

そうしていろいろな文化から吸収したものを一つの作品として結晶化したのが『徒然草』。そして、その『徒然草』から、新しい文化が広がっている。そういう「文化のＨＵＢ」なんです。「つれづれなるままに書く」というフォーマット自体も、後世に残された遺産の一つ。

私も「ＨＵＢ」になりたいので、兼好さんがロールモデルです。私が学んだ古典を、講座でみなさんにお伝えする。そしたら、それを機に国文学の研究を志す高校生がいたり、句作に活かすという方がいたり。「人間の幅が広がるのかなと思って」と役者さんが講座にいらっしゃったこともあります。そういう現象を目のあたりにすると、自分も文化のHUBとして、だれかのクリエイティビティに貢献できているのかなと思ったりします。兼好さんにはまだ及びませんが……。

沢渡：「文化のHUB」っていいですね。その意味で、徒然草ってさまざまな人のHUBになりやすいコミュニケーションプラットフォームなのかもしれません。『徒然草 as an Infrastructure』みたいな!?（笑）

吉田：もう一つの『徒然草』の魅力は、世の中をどう捉えるかについて、示唆を与えてくれるところですね。ニーチェが「事実など存在しない。解釈があるだけだ」と言っているんですけど、解釈の重要性を見せてくれるのが『徒然草』だなと。なにかあった時に、どう捉えるか。

八十六段で、三井寺の法師の話があります（249ページを参照）。三井寺は園城寺ともいう、高名なお寺。三井寺の法師は、特別に「寺法師」と呼ばれていました。ブランドだったんです。お寺が火事で燃え落ちます。寺法師たちはとても傷つきます。それに対して、ある貴族が「寺がなくなったから、今日からきみたち寺法師は『法師』だ」というのです。

これを言われた寺法師たちは、「あ、そうだ。自分は寺法師である前に、仏道の法師であった」と思い出したのではないでしょうか。「法師であることは何も変わっていないじゃないか」と。

兼好は「こういうふうに捉えることもできるね」という解釈を柔軟に示してくれるんです。あー、この話、山一證券がつぶれてしまったあとの社員さんに読ませてあげたかったですね。「会社がつぶれてしまってショックなのはわかる、でもあなたたちは金融のスペシャリストとして、価値は変わらないよ」と。

沢渡：いままさに「企業で終身雇用が継続できるかどうか」が話題になっていますが、その人が何者かを名づけしてあげると、何の専門家なのか説明しやすく／されやすくなり、変化の中でも強く生きられるようになりますね。

「自分を映す鏡」「モヤモヤ解消のヒント」として末永く

沢渡：最後に、この本の楽しみ方について少しご提案できればと。

吉田：『徒然草』って、多面体なんですよね。いろんなことを言っている。気に入るところも、気に入らないところもある。しかも、それが読むたびに違うんですよね。昔ピンとこなかったところでも、読み直したら「あれ、おもしろいじゃないか」となったり。いわば〝自分の鏡〟として、今の興味を受けとめてくれるところがあると思うんです。だから、節目節目のいろいろなタイミングで徒然草を読んでもらいたいです。

沢渡：年齢によっても、響く段が違ってきますしね。この本を片手に、もう一回読み直してみるのもいいと思います。

吉田：はじめての方は、最初から読んで、付箋を貼っていく感じで「自分のお気に入りはどこかな？」と読んでもらえればいいんじゃないかと思います。段によって話題が全然違うので、ピンとこなければ軽く流して、ピンときたら原文まで音読してみるとか、重みづけの差をつけていくほうが、挫折せずに読めると思います。

二回目以降に読む時は、前に付箋を貼ったお気に入りの段だけ読むと効率がいいです。でも、時間があれば、あえて付箋を貼っていない段だけ読んで、今の自分にフィットする段を探すのもおもしろいです。

沢渡：『徒然草』に出てくる場所の「聖地巡り」をしてみるのもおもしろいかもしれませんね。仁和寺、石清水八幡宮、あだしの念仏寺、来栖野……など。私、ツアーを企画しようかしら（笑）。

吉田：今回の本の「あるある」の例のところを、自分バージョンで書いてみるのもいいかもしれません。「自分の会社に置き換えるとこういう感じ」と。

沢渡：世の中の不安や不満の大半は「モヤモヤ」なんですよね。『徒然草』の各段に、「ここまで悩まなくていいんだ」というヒントがあるので、それを道しるべに、モヤモヤを言語化していくと、楽しく読めるし、みなさんの生活も豊かになると思います。

「なぜ、いま徒然草なのか?」沢渡あまね×吉田裕子　特別対談

おわりに　令和の時代も、兼好の学びの姿勢を大切に

最後までお読みいただき、ありがとうございました。

令和のイマ、あなたにとってリアルな説得力を持つものとして『徒然草』に親しんでいただけていたら、著者の一人として、このうえない喜びです。

本書の執筆にあたっては、兼好が『徒然草』を書いた姿勢を大いに参考にいたしました。『徒然草』には、九十八段のように、先人の名言をピックアップして紹介した段があります。また、兼好が古典をふまえ、自分なりにアレンジして執筆している段があります。たとえば、一一七段は、中国の『論語』をもとに書いたと見られる段です。ほかにも、清少納言の『枕草子』を真似した文体、紫式部の『源氏物語』のような文体で書かれた段もあります。

兼好は先人に学び、しかも自分らしくアウトプットしたのです。

この学びの姿勢は、『徒然草』から得られる大きな気づきの一つです。漫然と読むだけでなく、自分の心に響いたものを選び出す。「自分だったらどうか？」を考え、言語化してみる。憧れの文章を真似し、その文体を習得する。そうしたアウトプットベースの学びの痕跡が見えるのが、『徒然草』なのです。

兼好の学びの姿勢を、この令和の時代に、業務改善・オフィスコミュニケーション改善士

の沢渡あまねさん、大学受験塾などで教える国語講師の吉田裕子の二人で実践したのが、本書です。二人それぞれに違う視点で、兼好の言葉を現代版にアップデートすべく格闘し、著者たち自身が新たな気づきや深い学びを得つつ、それを読者のみなさんにわかち合おうと試行錯誤した、そんな本です。

願わくば、さらに、読者のみなさんの心の中で、おのおのの職場版・人生版にアップデートしながら読んでいただけたら。

『徒然草』が仕事のヒント、また、人生の輝きと潤いを増すパートナーにならんことを。

国語講師　吉田裕子

沢渡《さわたり》あまね

1975年生まれ。あまねキャリア工房代表。株式会社なないろのはな取締役。業務改善・オフィスコミュニケーション改善士。

日産自動車、NTT データ、大手製薬会社などを経て（経験職種は情報システム、ネットワークソリューション事業部、広報など）、2014年秋より現業。複数の企業で働き方改革、組織活性、インターナルコミュニケーション活性の企画運営支援・講演・執筆などを行う。NTT データでは、IT サービスマネージャーとして社内外のサービスデスクやヘルプデスクの立ち上げ・運用・改善やビジネスプロセスアウトソーシングも手がける。

著書に『職場の問題地図』『仕事の問題地図』『働き方の問題地図』『システムの問題地図』『マネージャーの問題地図』『職場の問題かるた』『業務デザインの発想法』『仕事ごっこ』（技術評論社）、『新人ガール ITIL 使って業務プロセス改善します !』『運用☆ちゃんと学ぶ システム運用の基本』（C&R 研究所）などがある。趣味はダムめぐり。

好きな徒然草の段は、第五十二段。

【ホームページ】http://amane-career.com/

【Twitter】@amane_sawatari

【Facebook】https://www.facebook.com/amane.sawatari

【メール】info@amane-career.com

吉田裕子《よしだゆうこ》

1985年生まれ。国語講師。東京大学教養学部超域文化科学科を卒業後、大手学習塾や私立高校で講師経験を積み、現在は都内の大学受験塾で現代文・古文・漢文を教えるほか、企業研修にも登壇し、文章力や言葉遣い、リベラルアーツ・教養としての古典文学を指導している。カルチャースクールや公民館での講座では、６歳から90代まで幅広い世代から支持される。

NHK E テレ「ニューベンゼミ」など、テレビやラジオ、雑誌でも幅広く活躍中。著書に『心の羅針盤をつくる「徒然草」兼好が教える人生の流儀』（徳間書店）、『イラストでわかる超訳百人一首』（KADOKAWA）、『大人の語彙力が使える順できちんと身につく本』（かんき出版）、『たった一言で印象が変わる大人の日本語100』（ちくま新書）など多数。

趣味は和の習い事と通信制大学での学習（現在は三つめの通信制、武蔵野美術大学で日本画を学んでいる）。

好きな徒然草の段は、第三十九段。


【ホームページ】https://yukoyoshidateacher.jimdo.com/

【Twitter】@infinity0105

装　丁　石間 淳

カバー・本文イラスト　白井 匠（白井図画室）

本文デザイン・DTP　清水真理子（TYPEFACE）

編　集　傳 智之

お問い合わせについて

本書に関するご質問は、FAX、書面、下記のWebサイトの質問用フォームでお願いいたします。電話での直接のお問い合わせにはお答えできません。あらかじめご了承ください。ご質問の際には以下を明記してください。

・書籍名　・該当ページ　・返信先（メールアドレス）

ご質問の際に記載いただいた個人情報は質問の返答以外の目的には使用いたしません。お送りいただいたご質問には、できる限り迅速にお答えするよう努力しておりますが、お時間をいただくこともございます。なお、ご質問は本書に記載されている内容に関するもののみとさせていただきます。

問い合わせ先

〒162-0846　東京都新宿区市谷左内町21-13
株式会社技術評論社　書籍編集部「仕事は「徒然草」でうまくいく」係
FAX：03-3513-6183　Web：https://gihyo.jp/book/2019/978-4-297-10779-6

仕事《しごと》は「徒然草《つれづれぐさ》」でうまくいく
～【超訳《ちょうやく》】時《とき》を超《こ》える兼好《けんこう》さんの教《おし》え

2019年 9月 21日　初版　第1刷発行

著　者　沢渡《さわたり》あまね＋吉田裕子《よしだゆうこ》
発行者　片岡巌
発行所　株式会社技術評論社
東京都新宿区市谷左内町21-13
電話　03-3513-6150（販売促進部）　03-3513-6166（書籍編集部）
印刷・製本　昭和情報プロセス株式会社

ISBN978-4-297-10779-6　C0036
Printed in Japan